Manuela Carneiro da Cunha

"Cultura" e Cultura

Conhecimentos tradicionais e direitos intelectuais

CADERNOS
ULTRAMARES

ORGANIZAÇÃO E PROJETO GRÁFICO

Marcos Lacerda, Ana Paula Simonaci e Sergio Cohn

CONSELHO EDITORIAL

André Botelho

Bernardo Esteves

Boaventura de Souza Santos

Evelyn Goyannes Dill Orrico

Fréderic Vanderberghe

José Luis Garcia

Maria João Cantinho

Renato Rezende

Teresa Arijón

Vagner Amaro

ISBN 9786586962758

azougue press |
coordenação geral Sergio Cohn
coordenação editorial
Sergio Cohn — Darien Lamen — Cristián Jiménez Plaza
Brasil | CNPJ 12.272.339/0001-26
Portugal | Oca Editorial NF 515805394
USA | E. Id. 803650511
Chile | Tucán Ediciones RUT 77.369.106-1

A proposta dos Cadernos Ultramares é transpor fronteiras. Não apenas geográficas, com a edição de um amplo panorama do pensamento brasileiro para o público português, mas também entre as áreas do saber, criando uma coleção transdisciplinar, acessível não apenas para leitores especializado, pesquisadores e acadêmicos, como para interessados em geral.

Para isto, os Cadernos Ultramares privilegiam a leveza do ensaio, a "brigada ligeira", utilizando-se de um gênero marcado pela abertura e experimentação, uma forma privilegiada para a proposição e a apresentação de interpretações da cultura e da sociedade. Nos últimos anos, o gênero ensaio tem sido revalorizado como um importante meio de diálogo entre a pesquisa acadêmica e a sociedade.

O Brasil possui uma produção riquíssima de pensamento em diversas áreas, que vão da física à antropologia, da matemática às artes. Os Cadernos Ultramares, ao trazerem importantes textos de alguns dos nossos mais renomados pensadores, sejam clássicos ou contemporâneos, busca possibilitar ao leitor um olhar amplo e qualificado sobre essa produção.

Interessa-nos a constituição de um diálogo entre áreas, de uma conversa aberta que escape das armadilhas do pensamento especializado e do produtivismo acadêmico. Interessa, antes de tudo, a valorização do encontro do leitor com o sabor do texto, do prazer da leitura e da troca livre de pensamento.

Apresentação

POR SERGIO COHN

Manuela Carneiro da Cunha (1943) une em sua trajetória, de forma rara, relevante atuação política e alta qualidade teórico-conceitual, tendo contribuído de forma inegável tanto para a pesquisa antropológica quanto na luta pelos direitos indígenas no Brasil.

Manuela participou de forma fundamental em momentos decisivos da nossa história recente, como na discussão em torno do capítulo sobre os direitos indígenas na Constituição de 1988. E o seu engajamento em torno de temas políticos e culturais de povos indígenas continua sendo de grande importância — especialmente num momento, como o atual, onde os direitos e a própria existência desses povos se veem ameaçados por um governo com fortes características etnocidas.

Nascida em Cascais, Portugal, filha de pais húngaros e judeus que imigraram para lá no período diretamente anterior à Segunda Guerra Mundial, Manuela veio para o Brasil com 11 anos. Em São Paulo, começou a estudar Física na USP, mas, na virada da década de 1960, ao mudar para Paris, trocou de disciplina para se formar em Matemática. Ao mesmo tempo, frequentou os seminários de Lévi-Strauss, o que a encaminharia para a atuação em Antropologia. Lévi-Strauss a inspirou em realizar uma pesquisa com os índios Krahô do Brasil Central, que se tornaria *Os mortos e os Outros*, texto até hoje considerado de grande importância.

Em 1975, Manuela viajou para a Nigéria, onde realizou uma pesquisa sobre os negros libertos no Brasil que haviam retornado para lá, com o título de *Negros, Estrangeiros — Os escravos libertos e sua volta à África*. Lançado em 1985, o livro traz uma análise da trajetória de negros brasileiros que, junto com outros ex-escravos de Cuba e Serra Leoa, formaram uma burguesia de mercado nos portos do Golfo de Benin.

Entre 1986 e 1988, foi presidente da Associação Brasileira de Antropologia (ABA). Manuela tem realizado um importante trabalho de divulgação científica em torno das culturas dos povos indígenas no Brasil, em projetos como a organização da *Enciclopedia da Floresta* e livros como *Direitos dos Índios* (1987) e *História dos Índios no Brasil* (1992).

A preocupação de Manuela com essas três dimensões do trabalho antropológico — a pesquisa, a divulgação e a luta política — está sempre presente em seus textos, de forte teor de intervenção no debate, sem cair nos riscos de simplificações. É uma postura que se vê na sua reflexão sobre a participação política dos antropólogos, em entrevista para a revista *Pesquisa Fapesp*, em 2009:

> Há várias dimensões e modos da participação política dos antropólogos, ela própria um objeto de estudo. Foi o que fez, por exemplo, nos anos 1960, Georges Balandier, antropólogo francês que se interessava particularmente pela desconolização da África. Outros fizeram interpretações explicitamente marxistas, ou melhor, inspiradas no marxismo, do material antropológico: é o caso de Gordelier, de Terray e vários outros da França. E pode-se finalmente, com Mauss e Lévi-Strauss fizeram, gerar efeitos políticos a partir de uma obra teórica. Isso para falar dos antropólogos franceses. No Brasil, o antropólogo se torna naturalmente solidário das pessoas, dos povos com os quais estuda e trabalha. É cada vez mais normal para antropólogos, da minha geração certamente, serem recrutados, inclusive, por essas populações para defenderem

seus direitos. Hoje em dia, as novas gerações, quando chegam na situação de campo, além de terem que negociar muito mais os termos de sua aceitação do que as gerações anteriores, têm também de imediatamente oferecer uma contrapartida, que frequentemente é de ordem educacional, ou de ordem política. E quase todos os antropólogos da minha geração e das gerações que estão vindo agora estão envolvidos diretamente nessas questões.

E continua, refletindo sobre a sua própria atuação:

O trabalho teórico é um trabalho de reflexão e de recuo, que não se situa exatamente no mesmo plano da atuação política. Agora, que um alimenta o outro, por exemplo, que o que aprendi com a prática política tenha influenciado profundamente meu modo de ver e tenha certamente gerado questões para a teoria, não há dúvida. Mas isso não significa que a teoria não tenha seu caminho próprio. No meu caso, a teoria chegou antes. O que me levou para a antropologia foi Lévi-Strauss, foi o interesse pela antropologia dele, que por sua vez vinha pela minha formação matemática, que por sua vez era muito próxima, na sua concepção, do tipo de pensamento do Lévi-Strauss. Quer dizer, a matemática que estudei era uma matemática estrutural, ligada à teoria dos conjuntos. E era muito próxima do pensamento de Lévi-Strauss, que tinha uma afinidade com esse tipo de matemática. Foi essa afinidade que me levou para a antropologia.

Só em 1978 é que realmente entrei na atuação política, porque naquele ano houve uma ameaça de um decreto de emancipação indígena, que na realidade era uma tentativa de emancipar as terras indígenas. E isso criou uma grande repulsa nos antropólogos, e não só antropólogos, mas também nos juristas e vários setores da sociedade. E a gente conseguiu se mobilizar, as pessoas estavam querendo um canal para se expressar talvez, mas houve uma mobilização extraordinária em torno dessa questão, de repúdio à tentativa de emancipação compulsória dos índios, que, na realidade, era uma maneira de se apropriar das terras indígenas.

E seguiu-se a isso um grande movimento pela demarcação das terras indígenas — na época alguém escreveu que era até tocante ver aqueles pequenos adesivos que as pessoas punham nos carros, "pela demarcação das terras indígenas". Esse foi um momento muito marcante. Daí se seguiu a criação de várias comissões pró-índio e começamos a trabalhar em questões jurídicas, em questões históricas mas sobretudo jurídicas, e ver o que estava acontecendo. E, entre 1978 e 1988, que foi a Constituinte, tivemos 10 anos de amadurecimento das questões, através de estudo e da militância em vários pontos.

A históriadora Lilia Moritz Schwarcz, em depoimento sobre Manuela, ressalta a relação entre política e pesquisa em sua obra:

As relações entre antropologia e política não são simples, e nem podem ser tratadas de modo simplista. Por isso Manuela sempre articulou conhecimento e reflexão antropológica com a própria militância política. Essa é uma marca forte da trajetória de Manuela Carneiro da Cunha, embora a defesa da causa indígena tenha surgido nela de modo contingente, como com frequência afirma. O decisivo, porém, como seu trabalho expressa, é que, adaptando a conhecida máxima, talvez não haja mesmo conhecimento antropologicamente relevante que não seja, simultaneamente, culturalmente interessado. O raciocínio pode parecer trivial, mas na prática as coisas nem sempre são assim, mesmo considerando a longa tradição de engajamento dos intelectuais brasileiros. Afinal, o próprio sentimento de urgência trazido pelos nossos graves problemas sociais parece ter suscitado certo ceticismo quanto à relevância do trabalho teórico entre nós.

Já Manuela está certamente entre os cientistas sociais que seguem na contracorrente, articulando reflexivamente problemas políticos e problemas antropológicos com ganhos teóricos extremamente relevantes para nossa disciplina. E tudo isso já estava apontado nos estudos sobre etnicidade, de finais dos anos 1970. A identidade repousaria numa taxionomia social, e significaria assim uma luta de e por classificações. Outra face, do mesmo processo, significou mostrar como a identidade fazia de diferenças reais algo "a mais" do que são; ou seja, sinais diacríticos. O que importa-

va era a tomada de consciência das diferenças
e não as diferenças em si.

Mais uma vez vale destacar a torção no raciocínio. Identidades acionam e agenciam origens
históricas, origens putativas, através de sinais
tangíveis: dentre eles a cultura. Assim, mais do
que a origem histórica ou qualquer tipo de origem, o que garante o grupo é a manipulação e
o agenciamento dessa mesma história.

A relação entre atuação política e trabalho teórico
de Manuela desembocou, a partir da segunda metade
dos anos 1990, na questão dos direitos de propriedade
intelectual, questão abordada pelo ensaio aqui presente, "Cultura e "Cultura": conhecimentos tradicionais e direitos intelectuais". Publicado originalmente
no livro *Cultura Sem Aspas* (Cosac Naif, 2009, Ubu,
2018), o texto trata de um tema complexo e multifa-
cetado, que passa pelo descompasso entre a crescente preocupação dos povos indígenas pela proteção
de seus direitos intelectuais e a disputa da sociedade
por uma abertura para circulação dos bens imateriais,
marcada por iniciativas surgidas nos últimos 20 anos,
como o Creative Commons.

É um tema que passa pela questão conceitual da
propriedade intelectual ser um termo estrangeiro a

essas culturas, precisando se entender o impacto da utilização dele em seu cotidiano. E é uma questão urgente, especialmente num país como o Brasil, com sua megadiversidade cultural e biológica e a necessidade de preservação desses saberes.

Para abordar de forma consistente as diversas dimensões da questão, Manuela utiliza a distinção de "cultura sem aspas" e "cultura entre aspas". Como explica o seu companheiro, o também antropólogo Mauro Almeida,

> Na interação humana entra em ação a capacidade de falar sobre a fala. Qual é o efeito disso sobre a consistência lógica (ou coerência estrutural) e a verdade semântica? A solução silenciosamente adotada por outros ilustres autores é descartar tanto a noção de lógica quanto a noção de verdade nesse contexto. Manuela Carneiro da Cunha procurou explorar, em vez disso, a seguinte ideia: a capacidade de colocar aspas em conceitos equivale ao uso da reflexividade da linguagem como mecanismo de inovação cultural. Esse fato, contudo, tem um custo que é a proliferação inevitável das contradições na linguagem e na cultura. Isso significa dizer que a cultura é

aberta, que fala de si mesma, e que é por isso mesmo auto-contraditória.

A distinção de coisas da cultura e coisas da "cultura" com aspas em primeiro lugar aponta para o referente pragmático da etnografia. A cultura sem aspas inclui: linguagens nativas, modos de fazer objetos, técnicas de pintar corpos, receitas alimentares, terminologias de parentesco — tudo isso são objetos-cultura sem aspas, e Manuela decididamente retém esse emprego, e assim valida a noção de uma etnografia objetiva que inclui ainda a coleta de documentos históricos como parte da etnografia. Mas ao mesmo tempo, ela fala de "cultura", agora utilizando aspas, para designar o modo da metalinguagem ou, melhor dizendo, o modo interativo por meio do qual esses objetos da cultura são usados no contexto de um sistema de culturas. Ora, esse uso trans-cultural é por sua vez incorporado na cultura sem aspas. A co-extensão de cultura e de "cultura", em vários níveis, traz necessariamente a inconsistência. Para alguns, isso é fonte de incômodo: as palavras e os atos deixam de significar sempre a mesma coisa, e podem num mesmo momento significar coisas diferentes e até contraditórias. Mas para Manuela esse é um fato da vida cultural: nem tudo é estrutura! Assim, entre reter a coerência cultural e utilizar a possibilidade que tem a cultura de falar de si própria de maneira contraditória, a sociedade faz a escolha da riqueza de sentidos à custa da incoerência.

O trabalho equilibrista de Manuela, entre a complexidade teórica e a atuação política, mostra uma integridade intelectual rara e necessária. Há, antes de tudo, o respeito ao interlocutor, ao tratar de temas árduos com uma linguagem que busca sempre a clareza, sem cair em simplificações. Nisso, a inclusão de crônicas de experiências vividas pela autora em torno do tema é exemplar, trazendo para o concreto o debate conceitual. Manuela cria um texto saboroso, fluente, que a todo tempo chama para o diálogo.

É um princípio ético , também presente na luta constante de Manuela pelos direitos indígenas, tratando com diferentes governos e instituições. Um trabalho árduo de mediação. Um trabalho propositivo e potente, marcado pela consciência otimista de que, mesmo com todos os desafios de nossa sociedade, é possível transformações políticas, no caminho de um mundo mais diverso, livre e justo.

Como afirma seu colega e amigo Eduardo Viveiros de Castro,

Vejo o trabalho que Manuela faz hoje, de mediação diplomática sobre a questão da propriedade intelecual, de intervenção nos debates sobre a questão ambiental, de presença nos foros globais de decisão sobre o destino do planeta — vejo tudo isso como um atestado de admirável otimismo. Todo diplomata é um otimista profissional, mas um bom diplomata é um otimista inato. O mundo está desabando, e ele diz: tem que haver uma solução. Negociemos. Negociemos com os podres poderes, os interesses escusos, calculemos e equacionemos os hiperobjetos que escapam à nossa intuição prática, como o aquecimento global (que nos escapam tanto quanto os hipo-objetos escapam à nossa intuição teórica, como as partículas quânticas), encontremos as fórmulas, criemos os precedentes, inventemos um modus vivendi, para que haja um mundo vivível.

"Cultura" e Cultura

CONHECIMENTOS TRADICIONAIS E DIREITOS INTELECTUAIS

CANTES DE IDA Y VUELTA

Cantes de ida y vuelta, como guajiras, colombianas e milongas, são um gênero tradicional do flamenco andaluz desde pelo menos o século XIX, quando se iniciou a era pós-colonial do império espanhol. A Espanha saía do colonialismo quando a maioria dos outros países ocidentais ingressava nele: ela sempre

1 Este ensaio tem uma longa história. Começou com uma comunicação em Barcelona em 2002 e se expandiu em 2004 quando foi apresentado como a Conferência Marc Bloch da École des Hautes Études en Sciences Sociales. Sua forma final, muito aumentada, se inse¬riu na coleção de panfletos dirigida por Marshall Sahlins, a Prickly Paradigm. Esta última incarnação, traduzida do inglês por Beatriz Perrone-Moisés, explica a forma inusitada do texto. A ordem editorial era suprimir referências bibliográficas e notas de rodapé. A falta de referências bibliográficas me atrapalhou um pouco para dar o seu ao seu dono e o jeito foi mencionar por extenso pelo menos os autores mais relevantes. A falta de notas de rodapé, ao contrário, veio a calhar. De certa maneira, o que em outros gêneros acadêmicos seriam notas acabou inserido 110 próprio texto, que vem portanto eivado de digressões.

esteve adiante de seu tempo. Os *cantes de ida y vuelta* eram produtos coloniais introduzidos na Espanha, frutos da apropriação e da transformação de gêneros musicais flamencos praticados nas colônias — as atuais Cuba, Colômbia e Argentina. Daí serem conhecidos como cantos de ida e volta.

A situação pós-colonial não caracteriza apenas as ex-colônias. É também um traço importante das ex-metrópoles, quando mais não fora porque estas agora tentam conter a onda de imigração de seus antigos súditos. As categorias analíticas — e evito aqui de propósito o altissonante "conceito" — fabricadas no centro e exportadas para o resto do mundo também retornam hoje para assombrar aqueles que as produ-

Relendo recentemente um artigo de Terence Turner de 1991, surpreendi-me em vê-lo todo anotado, e descobrir convergências flagrantes com minha reflexão, que me levaram a pensar no papel que ele teria desempenhado na gestação do meu próprio texto. Não se trata da adoção das aspas entre as quais se grafou e apertou "cultura". Esse recurso tipográfico já foi abundantemente usado para significar elisão, distanciamento ou deslizamento de sentido. De minha parte, pensei seriamente em usar caltura ou calture ou até kaltura ou kalture em vez de "cultura" ou "culture". A alusão seria a kastom, a corruptela da palavra inglesa custom adotada na Melanésia e que, segundo consta, está em todas as bocas por lá e atesta a extensão do recurso à "cultura" e sua reificação. Se finalmente optei pelo menos exótico "cultura", foi por uma razão específica: esse recurso tipográfico era mais consistente com 0 uso da lógica e se adaptava mais à conotação de sistema metacultural que eu queria lhe imprimir.

ziram: assim como os *cantes flamencos*, são coisas que vão e voltam, difratadas e devolvidas ao remetente. Categorias de *ida y vuelta*.

Uma dessas categorias é "cultura". Noções como "raça", e mais tarde "cultura", a par de outras como "trabalho", "dinheiro" e "higiene", são todas elas bens (ou males) exportados. Os povos da periferia foram levados a adotá-las, do mesmo modo que foram levados a comprar mercadorias manufaturadas. Algumas foram difundidas pelos missionários do século XIX, como bem mostraram Jean e John Comaroff, mas num período mais recente foram os antropólogos os principais provedores da ideia de "cultura", levando-a na bagagem e garantindo sua viagem de ida. Desde então, a "cultura" passou a ser adotada e renovada na periferia. E tornou-se um argumento central — como observou pela primeira vez Terry Turner — não só nas reivindicações de terras como em todas as demais.

Há ainda paralelos com itinerários imprevistos de outras categorias. O cristianismo, por exemplo, também foi exportado do Ocidente como produto colonial e imposto a grande parte da África. Um tanto paradoxalmente, porém, o cristianismo africano veio a desempenhar um papel proeminente na resistência contra as potências coloniais. Do mesmo modo, a "cultura", uma vez introduzida no mundo todo, assumiu um novo papel como argumento político e serviu de "arma dos fracos", o que ficará particularmente claro nos debates em torno dos direitos intelectuais sobre os conhecimentos dos povos tradicionais. Isso não porque o "conhecimento" figurasse com destaque na lista que um dos patriarcas da antropologia, Edward Tylor, elaborou para definir "cultura", e sim porque as questões de direitos intelectuais relançaram os debates sobre "cultura" com novo vigor.

Há no entanto diferenças significativas na comparação entre cristianismo e "cultura". No século XVI, por mais que se debatesse se os povos do Novo Mundo eram as tribos perdidas de Israel ou se São Tomé teria pregado a Boa Nova nas Américas, pressupunha-se que os povos periféricos não haviam conhecido a verdadeira religião ou a haviam perdido até que ela lhes fosse trazida pelas potências coloniais e pela Igreja. Com a "cultura" o caso é mais complicado, porque supostamente trata-se de algo que esses povos já previamente teriam e conservariam. Na linguagem marxista, é como se eles já tivessem "cultura em si" ainda que talvez não tivessem "cultura para si". De todo modo, não resta dúvida de que a maioria deles adquiriu essa última espécie de "cultura", a "cultura para si", e pode agora exibi-la diante do mundo. Entretanto, como vários antropólogos apontaram desde o final dos anos 1960 (e outros redescobrem com estrépito de tempos em tempos), essa é uma faca de dois gumes, já que obriga seus possuidores a demonstrar performaticamente a "sua cultura".

Acredito firmemente na existência de esquemas interiorizados que organizam a percepção e a ação das pessoas e que garantem um certo grau de comunicação em grupos sociais, ou seja, algo no gênero do que se costuma chamar de cultura. Mas acredito igualmente que esta última não coincide com "cultura", e que existem disparidades significativas entre as duas. Isso não quer dizer que seus conteúdos necessariamente difiram, mas sim que não pertencem ao mesmo universo de discurso, o que tem consequências consideráveis. Em suma, tratarei de mostrar aqui que esse é um caso especialmente enganador de "falsos amigos": uma vez que nem sempre percebemos ou observamos o uso das aspas, cultura e "cultura" se confundem.

Era desse tipo de ida e volta que eu falava. Enquanto a antropologia contemporânea, como Marshall Sahlins apontou, vem procurando se desfazer da noção de cultura, por politicamente incorreta (e deixá-la aos cuidados dos estudos culturais), vários povos estão mais do que nunca celebrando sua "cultura" e utilizando-a com sucesso para obter reparações por danos políticos. A política acadêmica e a política étnica caminham em direções contrárias. Mas a academia não pode ignorar que a "cultura" está ressurgindo para assombrar a teoria ocidental.

As aventuras da "cultura", contudo, não param por aí. As idas e voltas continuam. E já que cultura e "cultura" se desencontraram, surge um interessante problema para a pesquisa etnográfica: quais são os processos, as questões e as transformações implicadas no ajuste e na tradução da categoria importada de "cultura" por povos periféricos? Formulada com o recurso a uma expressão e uma fértil ideia de Marshall Sahlins, a questão passa a ser esta: como se dá a indigenização da "cultura"?

UMA PRIMEIRA HISTÓRIA

O velho levantou-se, imponente. Olhou para o auditório e disse com indignação, em português: "Alguém aqui acha que *honi* é cultura? Iui digo que não. Não é! *Honi* não é cultura!".

Estávamos ali, em junho de 2005, discutindo os direitos intelectuais indígenas sobre itens culturais, mais especificamente os direitos sobre o uso de uma secreção de rã de que falaremos mais adiante. Todos os presentes compreenderam imediatamente a menção do velho chefe yawanawa a *honi*, que à primeira vista é coisa totalmente diferente. Como essa é uma longa história, por ora direi apenas que honi é a palavra yawanawa (e de várias outras línguas do tronco pano) para uma bebida alucinógena com base na combinação de um cipó e das folhas de um arbusto, conhecida no mundo indígena da Amazônia ocidental sob diversos nomes — tais como *ayahuasca, nishi pae, yagé, kaapi* — e no Acre, de um modo genérico, como "cipó". Desde a década de 1930, pelo menos, a ayahuasca foi incorporada como parte essencial de diversas religiões populares não indígenas atuantes em localidades urbanas do Acre e de Rondônia. A partir do final dos anos 1970, essas religiões conheceram retumbante sucesso nas grandes cidades do país, atraindo intelectuais com preocupações ecológicas, atores de TV, jovens new age e até, o que é bastante interessante, ex-guerrilheiros. Algumas dessas religiões acabariam sendo exportadas a partir dos anos 1990 para os Estados Unidos e para a Europa.

De volta à cena. Era o segundo dia de um complexo encontro em Rio Branco, capital do Acre, reunindo representantes de vários grupos étnicos que vinham de um encontro mais amplo em que haviam fundado uma organização indígena abrangendo o Acre e parte do Amazonas. O primeiro dia havia sido tomado por longas explicações de uma advogada do Ministério do Meio Ambiente acerca dos aspectos legais da reivindicação de direitos intelectuais sobre conhecimentos tradicionais. No segundo dia teria início um debate sobre a repartição dos eventuais benefícios. O encontro tinha a ver com um assunto surgido dois anos antes, relacionado aos direitos intelectuais sobre o uso de uma secreção de perereca (ou seja, uma rã arborícola) conhecida localmente como "vacina de sapo" e que se popularizou no país com um de seus nomes pano, *kampô* (voltaremos a essa história com pormenores). Poderiam reivindicar o conhecimento tradicional do uso da secreção todos os grupos indígenas com sufixo *-nawa* ou *-bo* em seus etnônimos (mais precisamente, todos os falantes de línguas pano do interflúvio Ucayali-Juruá tanto no Brasil como no Peru, além de alguns de seus vizinhos setentrionais), mas somente os Yawanawa, os Kaxinawa e os Katukina estavam ali representados. Alguns Apurinã, que não reivindicavam aquele conhecimento específico, tinham ficado para assistir ao debate e pareciam bastante intrigados com a discussão, que provavelmente lhes abria novos horizontes. Francisco Piyãko, então secretário do Estado do Acre para os Povos Indígenas, também estava presente. Sua atitude ponderada e sua influência, e também o fato de que desde o início descartara qualquer reivindicação naquele sentido por parte dos Ashaninka, conferiam-lhe grande autoridade moral. Segundo Piyãko, embora os Ashaninka, falantes de língua aruaque, utilizassem a secreção da rã, haviam aprendido a fazê-lo com seus vizinhos de língua pano.

A questão crucial do encontro era chegar a um consenso quanto às formas legais de encaminhar as negociações em torno do conhecimento ligado ao uso do *kampô*. Os Katukina estavam na origem de toda a mobilização, e tinham angariado o apoio do Ministério do Meio Ambiente. Porém, os três katukina presentes viram-se numa posição desconfortável, acusados pelos Yawanawa, e em menor medida pelos Kaxinawa, de pretenderem monopolizar um conhecimento que era comum a todos os grupos de língua pano ali presentes. Os Yawanawa e os Katukina compartilham uma terra indígena à beira do rio Gregório, uma situação *sui generis* e com grande potencial de conflitos. Essas diferenças resultaram, entre outras coisas, em alianças com diferentes atores externos. Os Yawanawa haviam expulsado os missionários protestantes e estreitado laços com a comunidade empresarial ambientalista norte-americana, sobretudo a Aveda, e se distinguiam por sua experiência em assuntos urbanos e em conexões internacionais. Os Katukina, mais observantes então de seus "costumes tradicionais", constituíam de certo modo uma reserva cultural para os Yawanawa. Na assembleia, estes predominavam sobre a delegação katukina numérica e retoricamente. Mas a situação era um tanto irônica, uma vez que os Katukina é que haviam tomado a iniciativa da mobilização em torno da secreção do *kampô*.

Para se entender o que estava acontecendo no evento é preciso ampliar a contextualização, incluindo diferentes campos e escalas: instrumentos legais internacionais, grupos de interesse transnacionais, políticas nacionais, subnacionais e locais, política indígena e política científica. Isso provavelmente é muito mais do que o leitor quer saber, mal é preciso elucidar cada um desses domínios para que se possa entender plenamente o contexto. Passemos então a uma história de detetive: a história da rã, com seu elenco completo de personagens. Qual o interesse dela? Bem, no mínimo é uma etnografia de eventos relativamente recentes — que surgiram com essa configuração em meados dos anos 1990 — e que têm equivalentes em muitas partes do mundo. Mas estou interessada na história especialmente pelos seguintes motivos.

Em primeiro lugar, acho que nos ressentimos de falta de cronistas. Os historiadores contemporâneos que estudam o século XIX, por exemplo, apoiam-se em boa medida nos relatos produzidos por viajantes ao longo daquele século. Esses relatos constituíam um gênero em si mesmo. Eram crônicas de acontecimentos e atmosferas que não mereciam registro por parecerem triviais, modestos demais para serem notícia. Os diários pessoais eram reservados aos sentimentos e eventos notáveis. Somente os viajantes achavam que havia interesse em escrever sobre costumes ou episódios que sem eles passariam em branco, e que em nada se destacavam na percepção de quem os vivia. É certo que os viajantes tinham um olhar enviesado e ouvidos mal sintonizados, mas nestes tempos de reflexividade representacional e de ansiedade intelectual quero fazer o elogio desses viajantes e etnógrafos ingênuos. Quem, hoje em dia, faria tal crônica detalhada de eventos miúdos em lugares remotos? Seja como for, achei que devia assumir a tarefa de escrever a crônica dessa história específica, que ilustra os processos pelos quais a questão dos direitos intelectuais vem sendo apropriada por grupos locais.

Creio ainda que essa história nos leva de volta à tão debatida questão da cultura. Mas não tanto como uma categoria analítica da antropologia, e sim como uma categoria vernácula. O que me interessa aqui é sobretudo o uso local que se faz dessa categoria de cultura. Uma abordagem pragmática, se quiserem. Interessa-me, por exemplo, entender por que o velho chefe yawanawa declarava que *honi* não era cultura.

Além disso, estou interessada na relação entre uma categoria e outra, isto é, entre o que os antropólogos costumavam chamar de cultura e o que os povos indígenas estão chamando de "cultura". Não estou interessada apenas na relação lógica entre as duas categorias, embora isso me interesse muito. Mais importante, porém, é procurar entender os efeitos de sua co- presença. A coexistência de cultura produz efeitos e consequências?

COMO SURGEM NEGOCIAÇÕES EM TORNO DE CONHECIMENTOS TRADICIONAIS

Hoje, o acesso a conhecimentos tradicionais sobre recursos genéticos e a sua utilização exigem negociações com consentimento formal e repartição de eventuais benefícios com populações tradicionais, tudo isso intermediado ou ratificado pelo Estado. Essas exigências decorrem de um construto legal e institucional firmado em âmbito internacional em 1992: a Convenção sobre Diversidade Biológica, das Nações Unidas.

Esse construto legal, por sua vez, encerra vários pressupostos quanto ao status, à natureza, à produção e à circulação de conhecimentos, sejam eles "tradicionais" ou "científicos". Contém ainda pressupostos relativos aos tipos de direitos daí resultantes. Procura-se, por exemplo, "projetar", no sentido da geometria projetiva (que é também o sentido psicanalítico), os atributos do conhecimento tradicional sobre os do conhecimento científico, reduzindo-se a complexidade do conhecimento tradicional à do conhecimento científico: fecham-se deliberadamente os olhos para os aspectos que os diferenciam, na esperança de uma universalidade que os transcenda. Mas os pontos frágeis desses pressupostos são pragmaticamente desconsiderados no afã de se chegar a algum entendimento, mesmo que (sabidamente) o acordo sobre os termos não necessariamente traduza um entendimento compartilhado pelas partes.

A primeira e mais importante consequência do novo construto legal é a definição ou redefinição da relação entre pessoas e conhecimento. Como veremos adiante, a convenção fala em "detentores" e não em "proprietários" de conhecimentos tradicionais. Também fala em "soberania" e não em "domínio" ou "propriedade" de Estados nacionais sobre recursos genéticos. Apesar dessas precauções, porém, as efetivas transações sobre conhecimentos tradicionais — quer se trate de consentimento informado para a pesquisa ou de contratos para a repartição de benefícios — acabam produzindo uma relação de propriedade, ou muito próxima dela, entre os detentores e o "seu" conhecimento. O pronome possessivo já diz tudo. Mutatis mutanda, poderia-se subscrever o que Mark Rose escreveu com tanta eloquência a respeito do direito autoral no século XVII, matriz dos conceitos gêmeos de autoria e de relação de propriedade entre um autor e seu trabalho:

> A principal encarnação institucional da relação entre autor e obra é o Copyright, que [...], dotando-a de realidade legal, produz e afirma a própria identidade do autor [...]. Observa-se aí [...] a emergência simultânea, no discurso da lei, do autor proprietário e da obra literária. Os dois conceitos estão atrelados um ao outro.

Note-se que Foucault também disse mais ou menos isso ao discutir a "função-autor".

Recorrendo-se ao caso do encontro de junho de 2005 em Rio Branco, pode-se perceber como o conceito de propriedade sobre o conhecimento foi apropriado por povos indígenas em sua interface com a sociedade ocidental e levado a novos desdobramentos. Alguém no auditório, por exemplo, levantou a questão dos direitos intelectuais sobre línguas indígenas: "Por que é que esses missionários e antropólogos querem aprender a nossa língua? Estamos ensinando nossa língua a eles até hoje. Mas como é que eles estão usando isso?". Nota bene: por mais surreal que possa parecer hoje, essa reivindicação pode ter algo a ver com o uso da língua navajo pelos Estados Unidos para codificar mensagens durante a Segunda Guerra Mundial.

DISCURSOS DAS NAÇÕES UNIDAS SOBRE CONHECIMENTO TRADICIONAL: O RELATÓRIO BRUNDTLAND E A CÚPULA DA TERRA

O discurso internacional sobre conhecimento tradicional do meio ambiente foi oficializado pela primeira vez, em 1987, no relatório da Comissão Mundial sobre Meio Ambiente e Desenvolvimento da ONU intitulado "Nosso futuro comum", também conhecido como "Relatório Brundtland". Encomendado pela ONU em 1983 e coordenado por Gro Harlem Brundtland, então Primeira-ministra da Noruega, o Relatório foi apresentado à Assembleia Geral das Nações Unidas em 1989. O parágrafo 46 da sua Introdução afirma:

Povos indígenas e tribais precisarão de atenção especial diante das ameaças trazidas pelas forças de desenvolvimento econômico a seus modos de vida — modos de vida estes que podem oferecer às sociedades modernas muitas *lições de manejo de recursos em complexos ecossistemas de floresta, montanha e zonas áridas*. Alguns destes povos estão ameaçados de virtual extinção por um desenvolvimento insensível e sobre o qual não possuem controle. Seus direitos tradicionais devem ser reconhecidos e deve ser-lhes dada voz decisória na formulação de políticas de desenvolvimento dos recursos em suas áreas [grifo meu].

Um dos resultados institucionais do Relatório Brundtland e de sua discussão na Assembleia Geral das Nações Unidas foi a convocação da Conferência das Nações Unidas sobre Meio Ambiente e Desenvolvimento (UNCED), a chamada "Cúpula da Terra" realizada no Rio de Janeiro em 1992, que adotou explicitamente como diretriz o conceito de "desenvolvimento sustentável". A Declaração sobre Meio Ambiente e Desenvolvimento do Rio, lançada na Cúpula, afirma em seu princípio 22 que "os povos indígenas

[...] possuem um papel fundamental no manejo e desenvolvimento do meio ambiente, devido a seu conhecimento vital e a suas práticas tradicionais".

O relatório oficial da Cúpula, a chamada "Agenda 21", expõe em detalhes um programa de desenvolvimento sustentável para o século XXI. Um capítulo inteiro, o de número 26, intitulado "Reconhecimento e fortalecimento do papel de povos indígenas e de suas comunidades", trata dessa questão. Note-se que a expressão "conhecimento científico tradicional" (sobre recursos naturais, terra e meio ambiente) aparece nesse capítulo ao lado de formulações mais habituais, tais como "práticas tradicionais de manejo de recursos". O qualificativo "científico" é ainda mais digno de nota na medida em que está ausente de outros documentos. Assim, ao detalhar as bases para o reconhecimento e inclusão de povos indígenas e tradicionais a Agenda 21 declara:

> Durante muitas gerações [as populações indígenas e suas comunidades] desenvolveram *um conhecimento científico tradicional* e holístico de suas terras, dos recursos naturais e do meio ambiente. [...] Tendo em vista a inter-relação entre o meio natural e seu desenvolvimento sustentável e o bem-estar cultural,

social, econômico e físico dos povos indígenas, os esforços nacionais e internacionais de
implementação de um desenvolvimento ambientalmente saudável e sustentável devem
reconhecer, acomodar, promover e fortalecer
0 papel dos povos indígenas e de suas comunidades [grifo meu].

A Agenda 21 abrange múltiplos aspectos da questão e traz recomendações sobre as condições legais
necessárias, em âmbito global e nacional, para garantir aos povos indígenas o controle sobre terras e sobre
processos decisórios, bem como seus direitos intelectuais e culturais. Não aborda porém — à diferença da
Convenção sobre Diversidade Biológica, comentada
a seguir — a repartição de benefícios com os povos
indígenas.

Objetivos
26.3. Em cooperação plena com as populações indígenas e suas comunidades, os Governos e, quando apropriado, as organizações intergovernamentais, devem se propor a
cumprir os seguintes objetivos:
Estabelecer um processo para investir de
autoridade as populações indígenas e suas

comunidades, por meio de medidas que incluam:

A adoção ou fortalecimento de políticas e/ou instrumentos jurídicos adequados em nível nacional;

O reconhecimento de que as terras das populações indígenas e suas comunidades devem ser protegidas contra atividades que sejam ambientalmente insalubres ou que as populações indígenas em questão considerem inadequadas social e culturalmente;

O reconhecimento de seus valores, seus conhecimentos tradicionais e suas práticas de manejo de recursos, tendo em vista promover um desenvolvimento ambientalmente saudável e sustentável;

O reconhecimento de que a dependência tradicional e direta dos recursos renováveis e ecossistemas, inclusive a coleta sustentável, continua ser essencial para o bem-estar cultural, econômico e físico das populações indígenas e suas comunidades;

O desenvolvimento e o fortalecimento de mecanismos nacionais para a solução das questões relacionadas com o manejo da terra e dos recursos;

O apoio a meios de produção ambientalmente saudáveis alternativos para assegurar opções variadas de como melhorar sua qualidade de vida, de forma que possam participar efetivamente do desenvolvimento sustentável;
A intensificação do fortalecimento institucional e técnico para comunidades indígenas, baseada na adaptação e no intercâmbio de experiências, conhecimentos e práticas de manejo de recursos tradicional para assegurar seu desenvolvimento sustentável;

Estabelecer, quando apropriado, mecanismos para intensificar a participação ativa das populações indígenas e suas comunidades na formulação de políticas, leis e programas relacionados com o manejo dos recursos no plano nacional e em outros processos que possam afetá-las, bem como as suas iniciativas de propostas para tais políticas e programas;
Participação das populações indígenas e suas comunidades, nos planos nacional e local, nas estratégias de manejo e conservação dos recursos e em outros programas pertinentes estabelecidos para apoiar e examinar as estratégias de desenvolvimento sustentável, tais como as sugeridas em outras áreas de programas da Agenda 21.

A CONVENÇÃO SOBRE DIVERSIDADE BIOLÓGICA

A Convenção sobre Diversidade Biológica (CDB) também resultou da Cúpula da Terra, e foi aberta a assinaturas já em 1992. Desde então, foi ratificada por quase duzentos países, com a notável exceção dos Estados Unidos, que a assinou mas nunca a ratificou.

O principal propósito por trás da Convenção era regular o acesso aos recursos genéticos e garantir a repartição de benefícios que deles se originassem. Até então, os recursos genéticos eram considerados patrimônio comum da humanidade, e havia plena liberdade de acesso a eles. No entanto, os direitos de propriedade intelectual sobre as invenções derivadas desses recursos eram totalmente privatizados. Ademais, os recursos genéticos e as patentes se concentravam em áreas geograficamente distintas e complementares. De um modo geral, enquanto os países ricos em recursos genéticos eram carentes em tecnologia de ponta, aqueles tecnologicamente mais avançados careciam de riqueza em recursos genéticos. Visto que as patentes estavam fortemente concentradas no hemisfério norte, essa disjunção logo viria a ser espacializada como um "conflito Norte/Sul", que opunha os sete países mais ricos do mundo, o G7, às demais nações. Um Sul aliás *sui generis*, já que incluía a China mas não a Austrália.

Como a riqueza em recursos genéticos e a riqueza industrial eram inversamente proporcionais, não surpreende que o Sul, ou pelo menos alguns de seus representantes, tenha visto na CDB um instrumento de justiça redistributiva. A cdb estabelece a soberania de cada país sobre seus recursos genéticos. Ela é pensada essencialmente como uma solução de compromisso por meio da qual os países permitem o acesso regulamentado a seus recursos genéticos em troca de transferência de tecnologia e repartição de benefícios de um modo geral.

Na década de 1990 a categoria "Sul" já operava politicamente em diferentes arenas, podendo representar diferentes agregados de países e regiões. Em sua versão "recursos genéticos", representava um bloco de países "megadiversos" cada vez mais articulados, uma coalizão que incluía quase todos os países tropicais da América Latina e do Sudeste Asiático, além da China e de vários países africanos. Esse bloco político consolidou-se e ganhou o nome de "Países megadiversos alinhados" (Like-Minded Mega Diverse Countries). Dele faziam parte a Bolívia, 0 Brasil, a China, a Colômbia, a Costa Rica, a República Democrática do Congo, o Equador, a Índia, a Indonésia, o Quênia, Madagascar,

Malásia, México, Peru, as Filipinas, a África do Sul e a Venezuela. Essa coalizão opunha-se regularmente ao bloco dos representantes dos países industrializados, detentores da vasta maioria dos direitos de propriedade intelectual — a saber, os Estados Unidos, a União Europeia e o Japão. Como os Estados Unidos nunca ratificaram a CDB, embora a tivessem assinado desde a primeira hora, não participavam oficialmente dos fóruns da Convenção, mas seus interesses eram representados pelos governos do Canadá, da Austrália e da Nova Zelândia.

Cabe ressaltar que os direitos indígenas nunca estiveram no centro dos interesses dos países megadiversos: eram os interesses em seus recursos genéticos que os levavam aos direitos indígenas. A Índia e 0 Brasil assumiram a liderança do bloco dos países megadiversos desde o início. Os dois países também estiveram à frente de alguns dos casos mais notórios de licenciamento compulsório, invocando a saúde pública e outros argumentos para justificar a quebra de patentes (o licenciamento compulsório é previsto pela Organização Mundial do Comércio em casos excepcionais, mas daí a colocá-lo em prática vai uma longa distância). O primeiro caso de licenciamento compulsório (que equivale a poder fabricar produtos genéricos ignorando a vontade dos detentores das patentes) foi o da produção de medicamentos de baixo custo contra a Aids estabelecida pelo Ministério da Saúde durante o governo Fernando Henrique Cardoso (1994-2002). Desde 2003, já na gestão Lula, o governo brasileiro manifestou uma crescente tendência à contestação da rigidez dos direitos autorais em todas as áreas. O ex-Ministro da Cultura Gilberto Gil apoiou o movimento pela flexibilização dos direitos autorais e endossou o sistema de licenciamento Creative Commons, o sistema de *direitos autorais à la carte* no qual este panfleto foi publicado em sua versão original.

No que se refere aos povos indígenas no Brasil, a questão é mais complexa, como veremos depois de discutirmos a história dos dispositivos legais relativos ao conhecimento tradicional.

A contribuição da CDB às questões do conhecimento tradicional e da repartição de benefícios aparece no Preâmbulo (parágrafo 12) e em pelo menos dois outros trechos do documento, mas é marcante no parágrafo j do artigo 8º:

> Cada Parte Contratante deve, na medida do possível e conforme o caso: [...]
> j) Em conformidade com sua legislação nacional, respeitar, preservar e manter o conhecimento, inovações e práticas das comunida-

des locais e populações indígenas com estilo de vida tradicionais relevantes à conservação e à utilização sustentável da diversidade biológica e incentivar sua mais ampla aplicação com a aprovação e a participação dos detentores desse conhecimento, inovações e práticas; e encorajar a repartição equitativa dos benefícios oriundos da utilização desse conhecimento, inovações e práticas.

Repare-se que onde a Agenda 21 fala de direitos intelectuais e culturais, fonte indiscutível de direitos materiais e morais, a CDB fala, em termos mais específicos, de "repartição equitativa dos benefícios". Além disso, o artigo 8j refere-se de modo abrangente a comunidades indígenas e locais, ao passo que a Agenda 21, no capítulo 26, se refere unicamente a povos indígenas. Note-se ainda que a CDB trata do conhecimento tradicional tanto n0 tocante a recursos genéticos enquanto tais como no que diz respeito ao "manejo" sustentável de sistemas ecológicos, o chamado "conhecimento ecológico tradicional".

Graças a uma rede de organizações indígenas e a ONGs de apoio, essas breves menções ao conhecimento tradicional na CDB deflagraram uma discussão muito mais ampla. No âmbito das atividades das partes integrantes da Convenção cabe destacar os seguintes desdobramentos. Desde 1996, o tema do conhecimento tradicional figura na agenda da conferência bianual em que as partes discutem as implicações da CDB. Em 1997, foi realizado em Madri um *workshop* sobre o tema. Em 1998, foi criado um grupo de trabalho *ad hoc* para investigar o conhecimento tradicional, de modo que o secretariado da CDB conta com um grupo permanente de peritos encarregados de examinar o artigo 8j, que se reúne a cada dois anos. Em 2000, criou-se um grupo permanente dedicado à repartição de benefícios, pensada a princípio entre países. Os movimentos indígenas logo interligaram os dois temas, reivindicando sua participação tanto na discussão do artigo 8j como naquela da repartição de benefícios. Afirmavam assim que a repartição de benefícios não era apenas um problema entre Estados nacionais, mas também um problema interno dos Estados com relação às suas populações tradicionais.

Em compasso com a CDB, várias outras instituições da ONU assumiram ativamente a discussão sobre conhecimentos tradicionais e produziram uma intensa atividade em torno do tema, da qual daremos alguns exemplos.

A Organização Mundial da Propriedade Intelectual (OMPI) e a Organização para a Educação, a Ciência e a Cultura (Unesco) já haviam elaborado em 1982 uma primeira proposta de instrumento internacional que de certo modo tratava da questão do conhecimento tradicional: "Modelos de regras para leis nacionais de proteção a expressões do folclore contra a exploração ilícita". Em 1998-99, a OMPI enviou missões de levantamento de informações ao mundo todo e convocou duas mesas-redondas sobre propriedade intelectual e conhecimento tradicional. Em 2000, criou um órgão específico para o exame desses temas: o Comitê Intergovernamental sobre Propriedade Intelectual e Recursos Genéticos, Conhecimento Tradicional e Folclore.

A Organização para a Alimentação e a Agricultura (FAO) revisou seu "Compromisso sobre recursos fitogenéticos para a alimentação e a agricultura" de modo a harmonizá-lo com a CDB, e em 2001 propôs um "Tratado Internacional sobre Recursos Fitogenéticos para a Alimentação e Agricultura", em cujo preâmbulo (parágrafo 7º) se afirma:

As Partes Contratantes reconhecem a enorme contribuição que as comunidades locais e indígenas e os agricultores de todas as regiões do mundo, particularmente aquelas nos centros de origem e diversidade de cultígenos, têm dado e continuarão dando ao desenvolvimento de recursos genéticos vegetais que constituem a base da produção de alimento e da agricultura no mundo todo.

A Conferência sobre Comércio e Desenvolvimento (UNCTAD) convocou em 2000 um encontro de especialistas para discutir "sistemas e experiências nacionais para a proteção de conhecimento, inovações e práticas tradicionais", enquanto a Organização Mundial de Saúde (OMS) começava a examinar o tema da repartição de benefícios em casos de uso comercial da medicina tradicional.

Fora da esfera da ONU, os bancos multilaterais começaram a reconhecer pelo menos nominalmente o conhecimento tradicional. No Banco Mundial, por exemplo, em 2001 havia o cargo de "diretor de conhecimentos da África". Em certa ocasião, Nicolas Gorjestani, seu titular, citou James D. Wolfensohn, então presidente do Banco: "O conhecimento indígena é parte integrante da cultura e da história de uma comunidade local. Precisamos aprender com as comunidades locais a enriquecer o processo de desenvolvimento".

A própria OMC, que havia tentado permanecer alheia à questão, está tendo de enfrentá-la. Por trás disso há conflitos significativos tanto de jurisdição como de autoridade, já que a CDB é um instrumento da ONU. Os Estados Unidos, como já assinalado, jamais ratificaram a Convenção e portanto não participam desse tratado, mas por outro lado são um membro ativo e proeminente da OMC, que, ao contrário da ONU, tem o poder de impor pesadas sanções aos membros que deixem de cumprir suas determinações. A OMC está particularmente preocupada com direitos de propriedade intelectual, tanto assim que exige dos países interessados em nela ingressar que se comprometam a respeitar o Acordo sobre Aspectos dos Direitos de Propriedade Intelectual Relacionados ao Comércio (TRIPS — Trade Related Aspects of Intellectual Property Rights), firmado em seu âmbito em 1994. Como as determinações da OMC não são necessariamente compatíveis com as da CDB, a questão da precedência continua em discussão. Embora a OMC afirme não ter nenhuma obrigação para com a CDB e tenha procurado manter-se alheia aos debates sobre os conhecimentos locais e indígenas, acabou por ser envolvida no assunto. Desde o final de 1998, segundo documento oficial da entidade, "a questão da proteção de recursos genéticos, conhecimento tradicional e folclore, incluindo os de povos indígenas, tem estado em discussão no Conselho do TRIPS".

Até a década de 1990, alguns órgãos da ONU, em especial a FAO, defendiam basicamente o domínio público. Contudo, aquela foi a década da Rodada Uruguai e do Acordo TRIPS. Como acabamos de ver, para se tornar membros da OMC os países tinham de adequar suas legislações ao TRIPS — ou seja, tinham de adotar medidas rigorosas de proteção dos direitos de propriedade intelectual internacional, tendo como modelo o sistema norte-americano. Nesse embate entre a ONU e a OMC em várias frentes, não há dúvida de que a "propriedade" levou a melhor sobre o "domínio público". Tanto assim que a expressão "direitos de propriedade intelectual" tornou-se corriqueira — como se não pudesse haver direitos intelectuais sem haver a propriedade.

DECLARAÇÕES INTERNACIONAIS INDÍGENAS

Nos anos 1970, acompanhei a constituição de uma organização indígena brasileira num país que conta com mais de 220 grupos étnicos espalhados por um imenso território. Posso, portanto, atestar as enormes dificuldades enfrentadas por organizações desse tipo, particularmente no que se refere à representação, à legitimidade e à operacionalidade, e é de se esperar que tais dificuldades aumentem exponencialmente no âmbito internacional. Com raras exceções, os movimentos indígenas não contam com apoio dos governos de seus países, e isso explica que tenham se valido das Nações Unidas para apoiar suas reivindicações. Foi a ONU que lançou a Década dos Povos Indígenas em 1994, renovada dez anos depois; foi também a ONU que criou o Grupo de Trabalho sobre Populações Indígenas, seguido do Foro Permanente de Povos Indígenas, órgão assessor do Conselho Econômico e Social da ONU que se reúne anualmente desde 2002. Isso sem falar da sua adoção, em 2007, da Declaração dos Direitos dos Povos Indígenas.

Foi portanto no quadro das Nações Unidas que as organizações e coalizões indígenas internacionais emergiram como atores políticos de peso. Assim como ocorreu no Brasil, porém, em pouco tempo passaram a se apresentar por conta própria e se tornaram interlocutores independentes.

As organizações indígenas regionais e internacionais fizeram várias resoluções, recomendações e declarações sobre direitos culturais e intelectuais. Até o final dos anos 1980, essas manifestações incluíam direitos culturais sobre artefatos, padrões gráficos, objetos arqueológicos e a cultura material de modo geral — num momento em que órgãos da ONU como a Unesco e a OMPI se ocupavam apenas com a proteção do folclore. Esses direitos culturais poderiam ter suscitado a questão mais geral dos direitos intelectuais, já que incluíam algo semelhante a direitos autorais sobre padrões gráficos tradicionais, mas foi com a questão do conhecimento tradicional levantada pela CDB que emergiu com vigor a reivindicação de direitos intelectuais sobre conhecimentos tradicionais.

Ocorreu ainda uma interessante virada que reflete nitidamente a passagem da posição universalista do pós-guerra, que enfatizava a não discriminação e a participação política, e da qual a Declaração dos Direitos Humanos de 1948 pode ser considerada um marco, para a ênfase nos direitos das minorias que se verificou no final do século XX. Sinal dessa mudança: em 1984 o Conselho Mundial de Povos Indígenas ratificou uma declaração de princípios que afirmava que "a cultura dos povos indígenas é parte do patrimônio cultural da humanidade", ao passo que, em 1992, a Carta dos Povos Indígenas e Tribais das Florestas Tropicais, lançada em Penang, na Malásia, afirmava os direitos de propriedade intelectual sobre tecnologias tradicionais, enquanto num evento pan-indígena paralelo à Eco-92, no Rio de Janeiro, foi aprovada uma Carta da Terra dos Povos Indígenas na qual os direitos culturais apareciam ao lado dos direitos de propriedade intelectual. Ou seja, em menos de dez anos passou-se da cultura dos povos indígenas como patrimônio da humanidade à cultura como patrimônio *tout court*, e mais especificamente ainda à "cultura" como propriedade particular de cada povo indígena.

REGIMES DE CONHECIMENTO TRADICIONAL COMO FRUTO DE DIFERENTES IMAGINAÇÕES

Percebe-se em todos esses documentos a marca da influência e da imaginação das ideias metropolitanas dominantes. A influência opera em dois sentidos aparentemente contraditórios. De um lado, os movimentos indígenas formulam reivindicações nos termos de uma linguagem de direitos dominante, passível de ser reconhecida e portanto de ser bem-sucedida. Em seu texto sobre o julgamento do caso Mashpee [distrito de Cape Cod, estado de Massachusetts], James Clifford mostrou que um relato histórico convence um júri muito melhor do que uma discussão de conceitos antropológicos sobre identidade étnica. Não se vence uma causa questionando o senso comum. Foi provavelmente isso 0 que Marilyn Strathern quis dizer quando afirmou, a propósito do feminismo, que as políticas radicais são conceitualmente conservadoras. As declarações indígenas também.

No entanto, essas declarações introduzem questões nas quais se afirmam a especificidade e a diferença do conhecimento tradicional. E esse é o segundo sentido em que os conceitos metropolitanos exercem sua dominação. Esses conceitos supõem, ao falar em "conhecimento tradicional" no singular, que um único regime possa representar uma miríade de diferentes regimes históricos e sociais de conhecimento tradicional. Eles unificam o conhecimento tradicional à imagem da unificação operada historicamente no conhecimento científico. Ainda mais especificamente, pode-se ver a imaginação metropolitana em ação no modo como os povos tradicionais são levados a representar seu conhecimento e os direitos que lhe podem ser associados. Uma vez mais Marilyn Strathern oferece a melhor formulação: "Uma cultura dominada pelas ideias de propriedade só pode imaginar a ausência dessas ideias sob determinadas formas".

Não é muito difícil detectar como diversos setores imaginam o conhecimento indígena. Numa formulação simples: o conhecimento indígena é conceitualizado como o avesso das ideias dominantes. Assim, os povos indígenas parecem estar inextricavelmente condenados a encarnar o reverso dos dogmas individualistas e de posse do capitalismo. São obrigados a carregar o fardo da imaginação do Ocidente se quiserem ser ouvidos. Mas ao passarem a viver num mundo de propriedade intelectual eles têm poucas chances de libertar dele a sua própria imaginação.

Os conceitos não chegam a mudar propriamente, de modo que a imaginação indígena fica restrita à reversão de escolhas ou à inversão de agentes. Num artigo de longa data, mostrei que um movimento messiânico entre os Ramkokamekra-Canela do Maranhão invertia estruturalmente no seu desenrolar o mito de origem do homem branco e de seu poder. Uma reversão de destinos era o resultado esperado da inversão do mito, com os índios vivendo em cidades e os neo-brasileiros vivendo na floresta e caçando com arco e flecha. O roteiro permanecia o mesmo, mas invertido. Não havia conceitos novos, apenas novas escolhas e novos protagonistas.

Ao lidar com conceitos e regimes de conhecimento tradicional, a imaginação ocidental não se afasta muito do terreno conhecido. A conceitualização dominante do conhecimento tradicional raciocina como se a negação do individual fosse sempre o coletivo (na qualidade de um indivíduo corporativo). O raciocínio é o seguinte: em contraste com a nossa autoria individual, a cultura e o conhecimento deles certamente devem ter autoria coletiva! Ao contrário da invenção que emana do gênio individual, as invenções culturais deles devem ser fruto de um gênio coletivo, mas não menos endógeno. É isso o que se pode considerar como a versão dominante nas sociedades industrializadas acerca do conhecimento tradicional: que povos inteiros, como veremos, possam pensar suas culturas como exógenas, obtidas de outrem — isso não cabe na sua restrita imaginação.

Há também uma conceitualização radical que se apoia no papel ideológico de críticos da propriedade e da acumulação de capital atribuído aos povos indígenas do Novo Mundo pela filosofia política desde o século XVI. Nesse avatar, os povos indígenas não teriam nenhuma noção de propriedade intelectual, apenas conhecimentos e informações que circulam livremente, e assim foram erigidos em exemplo para o resto do mundo e exibidos como antídoto contra a cobiça. De acordo com essa visão, os índios deveriam ser paladinos dos movimentos contra a OMC; deveriam lutar contra a exorbitante ampliação dos direitos de propriedade e aliar-se a Robert Crumb no protesto contra a extensão quase perpétua dos direitos autorais sobre Mickey Mouse; e deveriam sobretudo estar à frente dos movimentos contra os direitos de propriedade intelectual.

Segundo tais construtos (não muito) imaginativos, os povos indígenas só têm duas opções: ou direitos de propriedade intelectual coletiva ou um regime de domínio público. Ambas as opções obrigam os regimes indígenas a se encaixar em leitos de Procusto. Diante dessas alternativas limitadas, não é de espantar que os povos indígenas tenham pragmaticamente preferido a opção dominante, reivindicando direitos intelectuais de propriedade coletiva e com isso frustrando as esperanças daqueles que os defendiam, os setores progressistas que se opõem aos direitos absolutos de propriedade intelectual.

E se houvesse, no entanto, outras formas possíveis de direitos sobre coisas entre pessoas (a definição de propriedade de Macpherson) além daquelas configuradas ao longo dos últimos três séculos? E se este não for um caso de lógica booliana? E se houver mais do que a alternativa entre "sim ou não"? Tais caracterizações binárias não apenas impõem uma camisa de força aos povos indígenas quanto ao modo de formular suas reivindicações, mas também apagam as diferenças entre regimes. Há muito mais regimes de conhecimento e de cultura do que supõe nossa vã imaginação metropolitana. Na verdade, bastaria levar a etnografia a sério para reunir todo um catálogo de modos alternativos. Para atingir seus objetivos, porém, os povos indígenas precisam se conformar às expectativas dominantes em vez de contestá-las. Precisam operar com os conhecimentos e com a cultura tais como são entendidos por outros povos, e enfrentar as contradições que isso possa gerar.

LEGISLAÇÕES NACIONAIS, CONHECIMENTO TRADICIONAL E NACIONALISMO

Em contraste com a rápida proliferação de instrumentos e estudos internacionais acerca da proteção ao conhecimento tradicional e da repartição de benefícios no contexto do acesso aos recursos genéticos, demoraram a surgir leis nacionais específicas sobre essas questões. Os países ricos em biodiversidade ainda estão avaliando cuidadosamente os efeitos das leis promulgadas por alguns países mais ousados, como Filipinas, Costa Rica e Peru. As ONGs que se dedicam a esses temas, tanto nacionais como internacionais, não têm uma posição consensual sobre eles. E no Brasil, não obstante uma proposta de legislação pioneira lançada em 1994 e uma medida provisória baixada em 2001, ainda há por parte do governo federal muita hesitação quanto à forma que deveria assumir uma regulamentação (pelo menos até meados de 2009, no momento em que reviso este texto).

Nos âmbitos regional e nacional, as ações têm sido no mais das vezes "defensivas": protesta-se contra a apropriação e a privatização de itens considerados de domínio público ou relevantes para a identidade territorial. Assim, a Índia conseguiu invalidar uma patente norte-americana sobre o uso do *neem*; a Coordenadoria das Organizações Indígenas da Bacia Amazônica (COICA) contestou o registro norte-americano de uma das plantas com que se produz a *ayahuasca*; e o governo brasileiro contestou com êxito uma marca registrada japonesa de "cupuaçu".

Tal estado de coisas, evidentemente, tem toda sorte de efeitos. Um deles, bastante significativo, é o de realinhar as sociedades indígenas com os nacionalismos de países latino-americanos. Quaisquer que tenham sido as políticas reais desses Estados nacionais para com os povos indígenas, estes nunca deixaram de ocupar posição de destaque na imaginação nacionalista. E notável como realidade e ideologia trilharam tranquilamente caminhos totalmente independentes e em geral divergentes. O papel ideológico que os povos indígenas são chamados a desempenhar na autoimagem brasileira varia bastante segundo o período histórico e conforme os índios em questão estejam vivos ou extintos, sendo estes claramente preferidos àqueles.

Desde a Independência do Brasil, os índios extintos foram repetidamente promovidos a elementos fundadores da identidade nacional. Suas antigas alianças, ou pelo menos suas ligações comerciais, com portugueses, holandeses e outras potências coloniais foram invocadas nas disputas de fronteira com a Venezuela e a Guiana no início do século XX, num movimento que os arregimentou como parte interessada e como agentes de reivindicações brasileiras de soberania territorial. Já com relação aos povos indígenas da atualidade a história é outra. Índios estabelecidos em seus territórios tradicionais foram concebidos desde os tempos coloniais como antagônicos ao progresso, ao desenvolvimento, à civilização ou seja lá qual for o termo empregado para justificar a expropriação de suas terras ou sua escravização. Desde meados dos anos 1970, quando foram localizadas ricas jazidas minerais em toda a região amazônica, povos indígenas estabelecidos sobre o solo desses recursos foram alvo de sucessivas campanhas na mídia no sentido de questionar sua lealdade ao Estado nacional. Até os dias de hoje a cobiça por terras tenta jogar a opinião pública na mesma direção, haja vista a dificuldade verificada em 2008 na terra indígena Raposa Serra do Sol, em Roraima, para a remoção de arrozeiros — invasores que se alardeavam em portadores de progresso.

As questões interligadas da biodiversidade e do conhecimento tradicional introduziram uma tendência oposta, em que os indígenas são incorporados a uma nova onda nacionalista. Assim é que em anos recentes foi implantado na Amazônia, com apoio do governo federal, um projeto desenvolvido por uma ONG local sob a denominação "aldeias vigilantes", mediante o qual grupos indígenas são recrutados como aliados nas frentes de combate à biopirataria. Uma outra questão, particularmente sensível, provocou indignação pública nacional: a das amostras de sangue de indígenas brasileiros mantidas em instituições estrangeiras, que podem ser utilizadas ou compradas por pesquisadores. Enquanto os Yanomami protestam contra o fato de o sangue de seus parentes ser estocado em vez de destruído por ocasião da morte, como seria devido, a indignação nacional transforma a reivindicação culturalmente específica dos Yanomami num protesto contra a permanência de sangue e DNA de nativos em instalações científicas fora do Brasil. Em suma, o conhecimento e o sangue indígenas foram incorporados ao patrimônio nacional brasileiro. Fazer parte de um patrimônio nacional, claro está, é uma faca de dois gumes: se por um lado valoriza o status simbólico indígena, por outro transforma os povos indígenas em "nossos índios", uma fórmula que condensa a ambiguidade inerente à condição de indígena.

DESCONFIANÇAS EXTREMAS E A ASCENSÃO DO CONHECIMENTO ESOTÉRICO

Se o indígena recuperou um pouco de seu valor ideológico no cenário nacional graças à repercussão das questões relativas à biodiversidade e aos conhecimentos tradicionais, isso não necessariamente se traduziu em benefícios concretos. Vale lembrar que entre as grandes inovações da CDB estava o reconhecimento da soberania de cada país sobre seus recursos genéticos. Para os Estados nacionais, nada mais fácil que traduzir soberania como propriedade — tradução que entretanto nada tem de óbvio e suscitou intensa controvérsia, uma vez que povos e organizações indígenas argumentaram que recursos genéticos e biodiversidade, se ainda existiam em terras indígenas, era porque eles agiam como seus guardiões. Decorre desse argumento que os povos indígenas, bem como os povos tradicionais de modo geral, não podem ser expropriados de algo que só subsistiu graças a eles, e que a biodiversidade em terras indígenas não pode ser dissociada do chamado "conhecimento ecológico tradicional".

Uma evidência desse conhecimento tradicional é o notável contraste das baixas taxas de desmatamento nos territórios indígenas com as áreas altamente desmatadas à sua volta. Outra evidência é aquilo que se pode chamar de "cultivo florestal indígena", particularmente bem documentado pelo etnobiólogo William Balée, que estudou as práticas ecológicas de vários grupos indígenas. Segundo Balée, boa parte daquilo que parece mata primária é floresta há muito tempo manejada por indígenas. A tese da produção indígena de diversidade biológica é especialmente convincente quando aplicada à agrobiodiversidade, isto é, à diversidade biológica em variedades de plantas domesticadas. É sabido que a hiper seleção de variedades é uma opção arriscada, já que uma variedade única pode ser dizimada de um só golpe por uma praga. A história da Grande Fome na Irlanda entre 1845 e 1849, uma catástrofe que causou a morte de um milhão de pessoas por inanição e a diáspora de um outro milhão de irlandeses, é um exemplo paradigmático: as batatas, que constituíam a dieta básica da população pobre, pertenciam a uma única variedade que foi totalmente destruída por uma praga. Os bancos de germoplasma conservam hoje em dia um estoque de variedades, mas fora de sua área de origem esses cultivares não são capazes de gerar variedades resistentes a novas doenças. É aí que se torna crucial a chamada conservação *in situ* ou *on farm* ["no local de proveniência" ou "na roça"], em que as plantas coevoluem com seu meio ambiente. Essa atividade tem sido realizada há séculos pelos pequenos agricultores, em sua maioria indígenas que se orgulham da diversidade de seus roçados. Os povos tradicionais conservaram e aumentaram a diversidade agrícola nas regiões de origem dos principais cultígenos: centenas de variedades de batata no Peru, de mandioca no Alto Rio Negro e de arroz na Índia, por exemplo, foram conservadas por esses agricultores.

A CDB não apenas atribui a soberania sobre recursos genéticos aos Estados nacionais. Como vimos, também reconhece direitos de indígenas e comunidades locais ao controle dos seus conhecimentos e à participação nos benefícios.

Com essas normas, países megadiversos como o Brasil são apanhados em fogo cruzado. Por um lado, esses países lutam nos fóruns internacionais por mecanismos de implementação da repartição de benefícios, enfrentando uma forte resistência dos países industrializados e dos seus aliados. Por outro, esses mesmos países têm de lidar internamente com as reivindicações dos povos tradicionais sobre seus conhecimentos e recursos genéticos — reivindicações que apresentam uma desconcertante semelhança com as dos próprios Estados nacionais diante de outros Estados. Além disso, a CDB é um instrumento da ONU, e os povos indígenas se utilizam cada vez mais dos fóruns dessa organização internacional para encaminhar suas preocupações e reivindicações independentemente da representação dos governos de seus países, criando assim situações de constrangimento para eles. Um exemplo paradigmático é a regra da obrigatoriedade de se revelar a origem dos recursos genéticos em pedidos de patente, um dispositivo que propicia verificar a legalidade de acesso aos recursos genéticos e pode assim facilitar a repartição de benefícios. A implementação internacional da revelação obrigatória é uma importante reivindicação dos países megadiversos e portanto do Brasil, tanto no contexto da CDB como no âmbito da OMC; internamente, porém, embora a declaração de origem tenha se tornado obrigatória no país, o Instituto de Propriedade Intelectual brasileiro se mostra visivelmente moroso na implementação da regra.

Dada a longa história de políticas colonialistas internas em relação aos povos indígenas, reconhecer-lhes direitos sobre recursos genéticos e conhecimentos tradicionais não é um passo fácil para a maioria dos países megadiversos. Quem e em que condições deveria conceder acesso a recursos genéticos nas terras de povos tradicionais? No Brasil, enquanto o Ministério do Meio Ambiente tem apoiado as reivindicações de povos tradicionais, outros ministérios opõem-se a elas. Os biólogos brasileiros, apoiados pelo Ministério da Ciência e Tecnologia, lutam pelo acesso livre ou pelo menos simplificado aos recursos genéticos nacionais. Diante da bioparanoia generalizada em relação a pesquisadores, eles se ressentem de ser tratados pelos povos indígenas com a mesma suspeita lançada contra seus colegas estrangeiros.

Com efeito, o aliciamento de povos indígenas para uma milícia vigilante contra a biopirataria estrangeira gerou extrema desconfiança para com qualquer pesquisador, estrangeiro ou não. Conhecimentos tradicionais virtualmente se transformaram em segredos de Estado. Nesse contexto, foram também alimentadas expectativas de lucros quase escatológicas, com frustrações proporcionais. Por fim, como observaram Alcida Ramos e Beth Conklin, tornaram-se esotéricos conhecimentos e práticas que antes eram perfeitamente corriqueiros (discutiremos um exemplo revelador dessa tendência mais adiante, na história da perereca). Atualmente, quase todos os tipos de conhecimento são atribuídos aos "nossos xamãs", ou melhor, aos "nossos pajés", expressão que discuto mais adiante no contexto do caso krahô. Os encontros indígenas sobre conhecimentos tradicionais são apresentados como encontros xamânicos, e impõe-se extremo sigilo a seus participantes. Pode não ser mera coincidência o fato de que as vocações xamânicas, apesar das dificuldades e do alto custo pessoal da carreira, estejam aumentando entre jovens líderes políticos na Amazônia.

A suspeita é regra em todos os campos, não apenas entre os indígenas. A indústria farmacêutica multinacional tenta distanciar-se tanto quanto possível de qualquer conflito potencial, seja alegando que os atuais testes de atividade biológica de moléculas são tão eficazes que tornam irrelevantes quaisquer informações que o conhecimento tradicional venha a oferecer sobre moléculas achadas na natureza, seja, de forma ainda mais radical, defendendo a opção por moléculas exclusivamente sintéticas criadas ao acaso, tornando irrelevante a própria natureza.

A intensa mobilização internacional e nacional em torno dos conhecimentos tradicionais tem muitos outros efeitos, alguns dos quais examinarei a seguir.

CONTRATOS, ASSOCIAÇÕES, PROJETOS

Tomemos a questão da representação, por exemplo. O acesso ao conhecimento tradicional depende crucialmente da chamada "anuência prévia informada": para que se realize qualquer pesquisa acerca de conhecimentos tradicionais, seus detentores devem ser adequadamente informados sobre o que se trata e dar seu consentimento ao modo como esses conhecimentos serão utilizados, e no caso de bioprospecção (pesquisa para fins comerciais) também à forma como lhes caberá receber parte dos eventuais lucros e benefícios. Sem entrarmos aqui nos interessantíssimos aspectos do processo de obtenção da "anuência prévia informada", um problema se coloca de imediato: quem tem autoridade para consentir? Isso nos leva a duas outras questões centrais. Que sistema de representação está sendo introduzido pelo processo? Qual construção de representação legítima está em jogo e como ela se relaciona com outras estruturas de autoridade? Comecemos pela última questão.

Contratos e acordos na verdade produzem aquilo que implicitamente pressupõem, ou seja, criam suas próprias condições de possibilidade. Já abordei a redefinição das relações entre pessoas e conhecimento que é produzida por eles. Agora considerarei a questão dos representantes legais para assinar contratos e dar "anuência ou consentimento informado". Participei de uma comissão instituída por uma universidade norte-americana para certificar-se de que os consentimentos dados aos seus pesquisadores haviam sido obtidos conforme a legislação dos Estados Unidos, e em meu trabalho de campo no Médio Rio Negro tive a experiência de seguir o procedimento exigido para a obtenção da "anuência prévia". Tenho assim uma razoável percepção das múltiplas traduções e ficções legais necessárias a esse tipo de empreitada.

Contratos, enquanto formas de troca (legal), criam sujeitos (legais), segundo a lógica descrita por Mauss e mais tarde por Lévi-Strauss. No Brasil, embora as formas de representação indígenas sejam legalmente reconhecidas como sujeitos de direito conforme a Constituição de 1988 (art. 232), de um modo geral encoraja-se a constituição de associações da sociedade civil com estatutos aprovados e explícitos como a forma mais conveniente (para todos os envolvidos) de lidar com "projetos", contratos, bancos, governos e ONGs. Daí que povos indígenas venham adotando novas formas associativas e surjam por toda parte associações indígenas locais com um formato legal que lhes permite alegar representatividade, incluindo presidentes e diretores eleitos. O problema, evidentemente, é como ajustar a legalidade à legitimidade. Por vezes essas associações se destinam a representar apenas um determinado segmento, como o dos professores indígenas, cuja influência sobre a política indígena é aliás crescente. Quando se trata de associações que pretendem representar a etnia como um todo, rapidamente facções ou famílias indígenas influentes se investem dos cargos de presidente e diretores, de preferência na pessoa de um homem alfabetizado e ligado a elas genealogicamente ou politicamente. Nesses casos há uma conveniente convergência entre chefes de aldeia e presidentes de associações. No entanto, as associações tendem a representar mais de uma aldeia. O problema com a maior parte das sociedades indígenas das "Terras Baixas" (como os etnólogos costumam chamar a América do Sul não andina) é que cada aldeia é uma unidade política autônoma, de modo que as disputas políticas entre facções no interior de uma aldeia facilmente se traduzem na criação de uma nova aldeia. Mas as associações, em princípio, não seguem a mesma lógica de fissão, e logo pode surgir uma forte contradição entre autoridades tidas como legítimas e os representantes legais nas associações.

Como a norma é a autonomia de cada aldeia, a emergência de algo como uma "representação étnica" na forma de líderes de associações é inevitavelmente acompanhada de conflitos, já que nada é mais difícil do que atribuir legitimidade a representantes legais. Os elos entre as instituições políticas que enfatizam a autonomia das aldeias e as instituições associativas que visam representar o grupo étnico como um todo (e que são uma fonte de poder econômico e político) não são uma coisa dada. Só podem ser construídos e validados à custa de muito esforço. E podem ser facilmente desfeitos, dando origem a associações rivais e à troca de acusações. Foi o que ocorreu, por exemplo, no caso do contrato entre os Aguaruna, a indústria farmacêutica Searle e o Jardim Botânico de Missouri, no Peru, e também com a equipe chefiada por Brent e Elois Berlin para conduzir uma pesquisa sobre a etnomedicina maia na Guatemala.

Um exemplo particularmente revelador é o caso da disputa que envolveu, no estado do Tocantins, os Krahô e a Escola Paulista de Medicina (EPM). A disputa se deu nos anos iniciais da década de 2000 e teve origem num projeto de bioprospecção: uma doutoranda da EPM havia realizado uma pesquisa sobre plantas usadas ritualmente pelos Krahô que atuam sobre o sistema nervoso central, a partir da qual a EPM desenvolveu um projeto para realizar um estudo mais amplo sobre as plantas terapêuticas krahô. Para tanto, a instituição firmou um acordo com uma associação que abrangia algumas das aldeias krahô. Como era de se esperar, porém, uma outra associação krahô contestou a representatividade da primeira. Após uma longa controvérsia, em março de 2003 chegou-se a um acordo provisório com a EPM mediante um documento assinado pelos presidentes de quatro associações krahô e também pelos chefes de dezoito aldeias krahô. Representantes do Ministério Público assinaram como testemunhas e representantes da Funai assinaram com os índios. Chamo a atenção para a aparente redundância nas assinaturas krahô: a legitimidade dos presidentes das quatro associações tinha de ser apoiada pelos chefes de aldeia que coassinaram o documento, como se a representação por meio de associações precisasse da garantia e do mandato explícito das autoridades políticas "costumeiras". Como veremos a seguir, a história se complicava ainda mais na medida em que os Krahô afirmam que são a justaposição de dois grupos jê que mantêm entre si uma certa separação geográfica.

Até agora lidamos com a minha segunda questão: o que pode ser construído como forma de representação legal e legítima? Insisto na palavra "construído", pois pode ser que a própria ideia de representação estivesse totalmente ausente entre os Krahô. Mas o que significa, afinal, "costumeiro" no contexto em pauta? Escrevi há algum tempo que há uma falácia no conceito de direito costumeiro, no sentido de que ele é talhado para espelhar o direito positivo em todos os seus atributos. A noção de "costumeiro" apresenta vários problemas em sua utilização pragmática. Ela supõe que "costume" (outra palavra para cultura) seja algo dado que precisaria apenas ser explicitado ou codificado. Além disso, supõe que unidades étnicas como "os Krahô", "os Katukina", "os Kaxinawa" ou tantas outras sejam entidades não problemáticas do mesmo tipo que um país, por exemplo. Isso é relativamente simples de entender. Mas o que acontece se todo o nosso construto de coisas como sociedade, representação e autoridade não tiver (ou não tiver tido) nenhum equivalente entre esses povos?

Os dois movimentos aparentemente opostos de subjugar nações indígenas e de lhes conferir poder se fundam na ideia da existência de coisas como nações e autoridades locais, isto é, de papéis sociais específicos com atributos tanto de autoridade quanto de representação legítima. Assim, já no início do século XVI Francisco de Vitória falava de "príncipes" indígenas e de seu "domínio" sobre territórios, como se a existência destes fosse dada. Todo o procedimento do requerimiento, que exortava as "nações indígenas" a aceitar a pregação do cristianismo, supõe a existência de autoridades indígenas locais com atributos comparáveis aos dos reis espanhóis. Em 1755, o marquês de Pombal ordenou o reconhecimento de "principais" indígenas, numa prefiguração do indirect rule britânico que demonstra um interessante exercício de imaginação política. Chefes amazônicos receberam insígnias e supostos territórios sujeitos à sua autoridade, quer tal autoridade tivesse ou não existido anteriormente, ainda que essas "autoridades indígenas", na prática, tivessem um papel pouco mais que decorativo.

A atual ênfase arqueológica na existência de cacicados ao longo do rio Amazonas, isto é, de estruturas centralizadas de poder, parece invalidar meu argumento. Afirma-se que as populações indígenas interfluviais acéfalas seriam sobreviventes de unidades políticas centralizadas ao longo das margens dos grandes rios. É certo que chefes poderosos foram encontrados e descritos por viajantes, e que alguns deles foram recrutados pela política colonial e tomaram parte ativa nela. No entanto, notou-se a ausência de alguns dos atributos que definem a autoridade, já que todos os testemunhos quinhentistas informavam ou repetiam que os índios brasileiros não tinham "nem fé, nem lei, nem rei".

Pierre Clastres explorou esse tópos em sua célebre tese sobre as "sociedades indígenas (constituídas) contra o Estado", e não apenas sociedades sem Estado. Embora eu não subscreva 0 argumento inteiramente, e ainda que o conceito de "sociedade" mereça hoje mais escrutínio, o fato é que Clastres tocou em algo importante. A saber, que é possível que esses povos tivessem instituições diferentes das nossas numa escala muito mais ampla do que conseguimos perceber por estarmos confinados numa ontologia política gerada no século XVII. Quais são as consequências desse abismo entre as instituições deles e as nossas?

Pode parecer que essa discussão leve a afirmar diferenças irreconciliáveis. Não é 0 caso. A imaginação política sempre foi perfeitamente capaz de fazer essas pontes. Os termos, é claro, são dados pelos poderes instituídos — por quem segura a pena, como diria Isaac Bashevis Singer. Onde autoridades e chefes não (pre)existem, inventam-se. Não obstante, como afirma Mauro Almeida de acordo com Newton da Costa, é bem possível haver um entendimento pragmático acerca de diferenças ontológicas aparentemente irreconciliáveis.

De fato, a autoridade para representar um grupo indígena é produzida no próprio processo de realizar atos jurídicos em seu nome. Isso significa que essa representação seria ilegítima ou "inautêntica" (um conceito aliás que só trouxe problemas para o nosso mundo)? Conforme Bruno Latour em sua interpretação de Gabriel Tarde, fazer emergir coletividades em contexto em vez de encontrá-las "ready made" é algo propriamente universal. São o discurso político e outros atos políticos, eu acrescentaria, que constituem sociedades, grupos, coletividades.

Voltemos então ao caso krahô. Como minha tese de doutorado sobre os Krahô data do final da era jurássica, utilizarei aqui basicamente dados extraídos da perceptiva pesquisa contida na tese de Thiago Ávila, de 2004.

Um território de 3.200 km2 foi reconhecido como terra krahô em 1944, quatro anos após um ataque de fazendeiros a duas aldeias que causou a morte de mais de vinte índios. Os Krahô provavelmente resultam da fusão histórica de dois grupos jê e de alguns remanescentes de outros grupos timbira orientais desaparecidos. Indivíduos provenientes de grupos indígenas linguisticamente aparentados (principalmente Apinayé) e também brasileiros de pequenas cidades da região foram se juntando a eles, geralmente casando-se com mulheres krahô. Já que os Krahô, como todos os demais grupos jê, são uxorilocais, os homens de fora casados com mulheres locais podem reivindicar direitos de residência com relativa facilidade. Além de uma aldeia que se destaca das demais por ser particularmente misturada, há uma clara distinção política entre dois subgrupos localizados respectivamente ao sul e ao noroeste (com uma extensão setentrional) do território, que estabeleceram laços, respectivamente, com uma ONG e com um funcionário público. Seria difícil afirmar com segurança se as diferentes origens afirmadas pelas duas facções é a causa ou o efeito dessa divisão política. Mas não resta dúvida de que afirmações de diferença de origem são reforçadas em determinadas conjunturas políticas, se é que não surgem delas.

Por mais que as aldeias krahô se dividam ou (mais raramente) se juntem segundo linhas de fissão ou fusão estruturais, um outro princípio de organização foi introduzido pela política dos "projetos". Como mostrou Bruce Albert, os "projetos" de instituições privadas ou governamentais se tornaram um elemento central da política indígena contemporânea, o que poderia ser estendido aos movimentos sociais em geral. A "caça aos projetos" é uma atividade constante para a qual os antropólogos são recrutados. No vernáculo dos movimentos sociais amazônicos, a expressão "fazer um projeto" adquiriu um significado muito próximo de solicitar uma doação, um presente, um financiamento (certa vez, por exemplo, um seringueiro pediu a Mauro Almeida e a mim que "fizéssemos um projeto" a fim de que ele pudesse adquirir um aparelho de karaokê — que seria entesourado junto com outras geringonças, já que não há eletricidade na mata). Embora a linguagem local enfatize a natureza econômica da atividade, sugiro que se deva entender por "projeto" qualquer combinação de empreendimentos culturais, políticos e econômicos que dependam de agentes externos tanto quanto da população indígena. A demarcação de terras, a recuperação de peças depositadas em museus, a participação em uma organização política indígena nacional, bem como atividades econômicos subsidiadas, são exemplos de "projetos", que sempre são simultaneamente políticos, culturais e econômicos. O que importa notar aqui é que "projetos" bem-sucedidos geram uma modalidade associativa que por definição deve transcender a política local dos conflitos de aldeias e de facções que constituem a vida cotidiana. Não surpreende, portanto, que associações floresçam e declinem com o início e o fim de "projetos".

As associações krahô não foram exceção. A primeira a surgir, em 1986, foi a Makrare, formada por ocasião de uma iniciativa regional em defesa das terras indígenas com apoio de uma ONG, que culminou na demarcação da terra krahô em 1990. Em 1993, foi criada uma segunda associação, a Kapey, diretamente ligada a uma pesquisa sobre cultivos e sementes tradicionais em parceria com a Embrapa. Em 1994, surgiu a Vyti-Cati, que atuou num empreendimento voltado para a produção de polpa de fruta em catorze aldeias de cinco grupos jê. Essa associação era interétnica, além de não incluir todas as aldeias krahô.

A noção de que a Mãkrare representaria todos os Krahô não foi questionada desde a sua criação em 1986 até o início dos anos 1990. Em 1993, contudo, a

fundação da Kapey deu início à erosão de sua legili-
midade pan-krahô. Instituída como uma ramificação
da Mãkrare, a Vyti-Cati tinha a mesma base política
de sua predecessora. Havia a percepção de que a Vyti-Cati e a Kapey representariam espaços geográficos
e políticos diferentes, e foi nesse contexto que foram
reacesas as afirmações de origens étnicas distintas. A
Vyti-Cati foi a associação que assinou o primeiro acordo com a EPM permitindo a pesquisa sobre plantas
medicinais tradicionais, em 1999. O caso que estamos
discutindo decorreu desse fatídico acordo.

Posteriormente surgiu um novo grupo social em
nossa história. No primeiro dia do encontro organi-
zado para resolver a mencionada disputa com a EPM,
em 24 de março de 2003, os pajés krahô se reuniram
sentando-se em círculo. Em torno deles havia um outro círculo, formado por chefes de aldeia, anciãos e
representantes da associação. Como todos os grupos
jê utilizam uma linguagem sociológica espacializada,
essa disposição espacial era um indício seguro de que
se distinguia uma coletividade em um contexto específico. Nesse caso, a linguagem espacial operava em
dois níveis. Em primeiro lugar, o encontro acontecia
numa "aldeia" *sui generis*, uma espécie de "Nações
(Krahô) Unidas": era um conjunto circular de casas
em torno de um pátio central, muito parecido com

todas as aldeias krahô e seguindo aliás o modelo ideal de aldeia dos povos de língua jê, mas as casas não eram unidades uxorilocais tais como nas aldeias reais, e sim algo como "embaixadas" das diferentes aldeias. O padrão circular era eloquente e compreendido por todos. A segunda encenação espacial — o círculo de pajés circunscrito pelo anel de anciãos e chefes de aldeia — era igualmente fácil de compreender, pois assim os Krahô traduziam e representavam visualmente em termos explicitamente krahô a novidade do regime representativo no qual estavam sendo introduzidos.

Cabe aqui uma nota acerca da nomenclatura. A palavra krahô para o que se costuma chamar de "xamã" no jargão antropológico seria *wayaká*. No entanto, como sabemos, existe ainda um termo pan-brasileiro para xamã que deriva do tupi falado pelos grupos indígenas da costa atlântica entre os quais a instituição foi descrita pela primeira vez, no século XVI: "pajé". Do mesmo modo que "xamã" se tornou um termo corrente na língua franca antropológica, "pajé" se tornou um termo corrente tanto em português como na língua franca dos movimentos sociais indígenas. Assim, é "pajé" que se usa como um termo geral para indicar os especialistas em conhecimentos médicos ou esotéricos. Evidentemente, a categoria genérica "pajé" apaga uma série de distinções significativas que são importantes em quase todas as sociedades indígenas. É comum não haver em línguas indígenas uma palavra única que abranja os vários especialistas agrupados pelo termo "pajé". Stephen Hugh-Jones faz uma reveladora discussão sobre tais distinções entre os Barasana, na Colômbia.

Independentemente de distinções entre categorias, e se nos ativermos ao termo krahô *wayaká*, antes desses acontecimentos não existia nada que se pudesse chamar de uma coletividade de *wayakás*. Segundo as etnografias dos Krahô de Harald Schultz e de Julio Cezar Melatti a partir de trabalhos de campo nos anos 1950 e 60, respectivamente, em geral não havia mais de um ou dois *wayakás* por aldeia e eles praticavam seu ofício independentemente uns dos outros. A carreira desses pajés parece não ter sido das mais promissoras: como eram responsabilizados tanto pelas curas quanto pelas mortes, e como costumavam cobrar caro por seus serviços, o que não os tornava muito populares, geralmente acabavam sendo acusados de feitiçaria. E quando as coisas chegavam a esse ponto, fugiam ou eram expulsos da aldeia ou então eram mortos.

De todo modo, não havia nada de semelhante a um colegiado de pajés, e a instauração de um coletivo desse tipo foi uma verdadeira inovação. Como os wayakás acompanham seus procedimentos de cura com grandes quantidades de tabaco, receberam uma denominação coletiva (talvez com alguma ironia) que poderia ser traduzida como "gente da fumaça de tabaco". Pediram a um wayaká que também é chefe de aldeia, tido como o "representante" da coletividade de pajés, que convencesse seus colegas a colaborar com as associações krahô. O recém-instituído colegiado de pajés passou à discussão de temas como a hierarquia de especialistas, o encaminhamento de pacientes e outras questões de procedimento. Entre os temas discutidos, o principal era a reivindicação de que o Estado apoiasse, e na prática financiasse, 0 exercício da medicina tradicional. O raciocínio era transparente: se o conhecimento médico krahô era considerado importante por uma faculdade de medicina, então devia ser tratado do mesmo modo que a assistência médica ocidental (pública). Devia haver instalações adequadas e os pajés e seus auxiliares deviam ser pagos pelo Estado. A mera sugestão dessa proposta horrorizou a EPM e deixou constrangida a representante do Ministério da Saúde. A EPM estava disposta a fornecer assistência médica ocidental aos Krahô, como vinha fazendo no Parque Nacional do Xingu havia décadas, mas estava longe de tolerar a medicina indígena e mais ainda de se dispor a patruciná-la.

Esse episódio aponta para os efeitos de espelhamento que fazem parte de qualquer negociação, mas particularmente de transações de ordem jurídica ou política que envolvem povos indígenas e a sociedade mais ampla. Senão vejamos. Ainda que os *wayakás* krahô estivessem bem descritos pela literatura etnográfica e pudessem ser facilmente entendidos como tradicionais, um colegiado de *wayakás* com procedimentos acordados era uma novidade institucional decorrente de uma situação ou negociação específica: a reivindicação de uma "medicina tradicional" apoiada pelo Estado, espelhando explicitamente a estrutura da biomedicina e ao mesmo tempo exigindo reconhecimento por parte dela. O colegiado seria por isso menos autêntico? Mas então o que fazer com a forma espacial sob a qual havia se apresentado? O colegiado propriamente dito foi encenado por meio de dispositivos espaciais e linguísticos estritamente tradicionais entre os Krahô, mostrando que recursos culturais krahô haviam sido mobilizados na empreitada. A questão "tradição versus inovação" se torna extraordinariamente intrincada. Em que bases há de se julgar a autenticidade do procedimento como um todo? Na forma de reivindicar (que pode ser entendida como "tradicional"), no objeto da reivindicação (que parece inovar), na coletividade (que também inova mediante linguagem tradicional)? A moral da história, ao contrário do que se possa pensar, não diz respeito a decidir sobre a "autenticidade" do procedimento. A moral é que a *"autenticidade" é uma questão indecidível.*

A HISTÓRIA DO KAMPÔ

Já está mais do que na hora de contar a história da perereca. A agitação começou em abril de 2003, quando uma carta assinada por índios katukina do Acre chegou ao Ministério do Meio Ambiente. A carta afirmava que o uso da secreção de certa rã arborícola (como a zoologia chama uma perereca), difundido em várias cidades do país havia alguns anos, derivava do conhecimento tradicional katukina, e que este estava sendo indevidamente apropriado. A então ministra Marina Silva, que como se sabe é acriana e filha de seringueiros, se comprometeu a fazer desse caso um exemplo positivo de defesa de direitos sobre conhecimentos tradicionais — um desafio considerável, mas também uma oportuna mudança num contexto de atitudes puramente defensivas, marcado pela desconfiança mútua entre indígenas e pesquisadores. Fui então chamada pelo Ministério a participar de um grupo de trabalho para examinar o caso, mas logo fiz notar que ele envolvia questões complexas e portanto não era particularmente promissor para estabelecer o desejado paradigma positivo. Lembrei que o conhecimento e o uso da secreção da perereca eram compartilhados por muitos povos indígenas amazônicos no Brasil e no Peru, bem como que se encontravam descritos nas literaturas etnográfica e bioquímica já havia algum tempo. Desse modo, seria difícil conseguir que os vários grupos indígenas chegassem a um acordo quanto à repartição dos eventuais benefícios, sem contar que o Peru e o Brasil tinham leis diferentes sobre esse assunto. Entretanto, como o Ministério insistisse em assumir esse caso específico, pus-me a trabalhar com herpetólogos, biólogos moleculares e médicos, além dos povos indígenas e dos agentes públicos envolvidos, evidentemente. Também integrei ao grupo a antropóloga Edilene Cofacci de Lima, que trabalhara entre os Katukina e atualmente é professora da Universidade Federal do Paraná.

Não há espaço aqui para entrar nos detalhes desse trabalho, de modo que irei direto a alguns resultados. A perereca em questão é a *Phyllomedusa bicolor*, embora outras pertencentes ao mesmo gênero zoológico também possam ser usadas. Foi descrita já em 1772 e é encontrada em toda a Bacia Amazônica, mas tudo indica que apenas algumas sociedades indígenas no oeste e no sudoeste da Amazônia — tais como os

Katukina, os Marubo, os Mayoruna (conhecidos no Peru como Matsés), os Yawanawa e os Kaxinawa — utilizam sua poderosa secreção em seres humanos (e também em cães, como veremos a seguir). Fontes escritas atestam o uso (ou antigo uso) dessa secreção entre os povos indígenas de língua pano, com exceção dos que vivem perto de grandes rios, como os Conibo e os Shipibo das margens do Ucayali. O termo usado para designar tanto a perereca como a secreção em diversas línguas pano varia entre *kampô*, *kambô*, *kampu* etc. Adotarei a primeira dessas variantes.

Para extrair a secreção da rã, os índios prendem o animal e provocam uma irritação em sua pele, aquecendo-lhe a barriga sobre o fogo ou cutucando-lhe as costas, por exemplo. Depois disso a perereca é solta. A secreção pode ser utilizada imediatamente ou posta a secar em um bastão para uso posterior. A substância é ministrada mediante esfregadura sobre pequenas queimaduras feitas na pele, de modo que atinge a circulação sanguínea. Seguem-se efeitos desagradáveis como enjoo, inchaço, taquicardia e diarreia, que podem ser mitigados com um simples banho de rio. Na maioria dos grupos, a terapêutica tem por finalidade mais comum curar caçadores empanemados, ou seja, azarados na caça (e seus cães, que muitas vezes passam pelo mesmo tratamento). Também curaria aquilo que os índios por vezes chamam em português de "preguiça", o que compreende manifestações como o desânimo para atividades sociais ou tarefas cotidianas. O tratamento com kampô teria ainda como resultado o sucesso com as mulheres, mas pode-se especular se esse não seria um efeito colateral do sucesso como caçador. De todo modo, parece que o sucesso erótico foi em grande parte responsável pela popularidade regional do *kampô*: visitar os Katukina das proximidades para tomar "vacina de sapo" ou "injeção de sapo" é uma prática de longa data, ainda que ocasional, entre seringueiros e moradores de Cruzeiro do Sul. Mas como essa prática teria se difundido nas grandes cidades brasileiras? Segundo a pesquisa de Edilene Lima, teria sido disseminada junto com as religiões baseadas na *ayahuasca*.

Como já mencionado, a *ayahuasca* é uma bebida alucinógena preparada basicamente a partir de um cipó e das folhas de um arbusto. A concocção é bem conhecida pelos grupos indígenas de toda a Amazônia ocidental, que acrescentam diferentes ingredientes a essa receita básica. Os grupos indígenas de língua pano do Acre consomem-na regularmente, em geral sob a orientação de um pajé. Os pajés, por sua vez, usam-na para suas viagens incorpóreas.

O uso da *ayahuasca* se difundiu entre seringueiros do vale do Juruá, que passaram a consumi-la sob a direção de "pajés de cipó" de um modo semiclandestino, já que se tratava de um hábito indígena considerado "selvagem" e reprimido pelos patrões. O status da bebida mudou drasticamente quando ela passou a fazer parte de religiões urbanas. A primeira religião a usar o "chá de cipó" foi o Santo Daime, fundada no início dos anos 1930, nos arredores de Rio Branco, por Mestre Irineu, um ex-seringueiro maranhense. Dentre as várias cisões e variantes que surgiram mais tarde figura a União do Vegetal, que, como apontam Bia Labate e Sandra Goulart, nasceu em 1961 entre ex-seringueiros, mas ao migrar dos arredores de Porto Velho e instalar-se nas cidades grandes parece ter atraído praticantes provenientes sobretudo da classe média, tornando-se cada vez mais hierarquizada. É conhecida hoje por usar uma linguagem cientificista, sob a influência da crescente presença de médicos, psiquiatras e psicólogos em suas fileiras.

Coube ao Santo Daime, menos hierarquizado, a ampla difusão dessas religiões nas grandes capitais do país a partir do final da década de 1970, que explicaria então a respectiva difusão do *kampô* no final dos anos 1990. Além disso, um ex-seringueiro que viveu entre os Katukina começou a ministrar o *kampô* aos habitantes da cidade acreiana de Cruzeiro do Sul nos anos 1990, e a partir de então os próprios Katukina começaram a ser procurados. Como mostraram Edilene Lima e Bia Labate, alguns katukina foram recrutados por terapeutas *new age* para atestar a origem espiritual indígena da terapia. Num caso que testemunhei em São Paulo, o *kampô* foi apresentado como uma espécie de exocet terapêutico capaz de descobrir por si só o órgão afetado no corpo do paciente para então curá-lo. No final de 2007, o *kampô* já era amplamente conhecido no Brasil. Apareceu um condomínio "verde" com esse nome no Rio de Janeiro, e um filme infantil lançado no Natal desse ano, por exemplo, girava em torno de jovens heróis em busca do maior tesouro da Amazônia, o kampô.

A HISTÓRIA DO BIOQUÍMICO

Vittorio Erspamer (1909-99) foi um proeminente médico e farmacólogo italiano que desde cedo se interessou pelas aminas produzidas por organismos animais. Depois de identificar a enteramina junto com seu professor de histologia em Pavia, em 1937, passou a procurar aminas produzidas na natureza, inclusive a enteramina, substância que mais tarde foi isolada independentemente e denominada serotonina. Pouco depois da Segunda Guerra, já como professor da Universidade de Bari, Erspamer começou a trabalhar com moluscos e rãs, conseguindo encontrar a enteramina nas glândulas salivares dos polvos *Octopus vulgaris* e *ElcJons moschata*, em dois outros moluscos e também na pele da rã *Discoglossus pictus*, comum no sul da Europa. Essa descoberta foi publicada na revista *Nature* em 1951. Animado com esses resultados, Erspamer consagrou sua pesquisa ao estudo dos compostos ativos existentes na pele de anfíbios e nos tecidos de moluscos. Continuou interessado nessa linha de pesquisa depois de transferir-se para o Instituto de Farmacologia de Parma, era 1956, e para o Instituto de Farmacologia Médica da Universidade de Roma, em 1967. Ao todo, Erspamer e sua equipe estudaram quinhentos anfíbios e cem moluscos de espécies diferentes desde 1948.

Ao longo dessa persistente pesquisa, chamaram a atenção de Erspamer, em pelo menos duas ocasiões, os efeitos de certos peptídeos encontrados nas glândulas salivares do polvo *Eledone moschata* em 1949 e posteriormente, já em 1962, na pele da rã *Physalaemus biligonigerus*, espécie que ocorre em regiões meridionais da América do Sul. "Nesse ponto de nossa pesquisa sobre peptídeos", relatou ele, "deixamos de lado os felizes acasos e começamos a fazer uma coleta sistemática de anfíbios no mundo todo, com o propósito específico de investigar a ocorrência de peptídeos e outras moléculas ativas em suas peles". Essa coleta resultou em cerca de quinhentas espécies de anfíbios provenientes de diversas partes do mundo. O maior contribuinte para a coleção foi o Dr. José M. Cei, professor de biologia na Universidade de Mendoza, Argentina, que coletou rãs da Patagônia ao México e enviou duzentas espécies de anfíbios para a coleção de Erspamer. Outras cem espécies da Austrália e de Papua Nova Guiné foram enviadas pelo D r. Robert Endean, da Universidade de Queensland, Brisbane, Austrália. As duzentas espécies restantes vieram de colaboradores de vários países, como a África do Sul, as Filipinas e a Malásia, e também da Holanda, onde foram adquiridos alguns anfíbios mais comuns. O próprio Erspamer realizou expedições de coleta na Grande Barreira de Corais, na Austrália, nas Filipinas e na África do Sul.

Esse grande interesse foi particularmente motivado por uma constatação singular. Por volta de 1962, evidenciou-se que alguns peptídeos encontrados em secreções de pele de rãs também estão presentes (ou possuem análogos) em tecidos de mamíferos, especialmente no sistema gastrointestinal e no cérebro, o que levou àquilo que Erspamer chamaria, em 1981, de "triângulo cérebro-intestino-pele". A partir de então generalizou-se o interesse em localizar peptídeos de rã, analisar suas propriedades farmacológicas e buscar moléculas análogas em intestinos e cérebros de mamíferos. Em virtude dessa propriedade notável, por volta de 1983, já haviam sido publicados mais de dois mil artigos sobre peptídeos de pele de rãs.

Erspamer certamente foi um ator pioneiro e fundamental nesse campo científico. Estava mais interessado em explorar a espantosa variedade de moléculas contidas nas secreções de rã do que em investigar as moléculas mais promissoras do ponto de vista farmacológico — durante cerca de quarenta anos a equipe de Erspamer em Roma trabalhou em cooperação com pesquisadores do laboratório farmacêutico milanês Farmitalia Cario Erba, que foram responsáveis pela maior parte dos estudos de estrutura e síntese das moléculas (Ada Anastasi e Pier Cario Montecucchi eram os principais especialistas em peptídeos na Farmitalia). Erspamer isolou cerca de cinquenta peptídeos de dez famílias diferentes, descrevendo sua estrutura e suas atividades funcionais. Publicou centenas de artigos científicos, foi indicado mais de uma vez ao Prêmio Nobel e nunca patenteou nada.

Foi na segunda metade dos anos 1960 que começou seu interesse sistemático pelas rãs *Phyllomedusa,* gênero pertencente à subfamília *Phyllomedusinae* (da família *Hylidae*) que ocorre nas Américas Central e do Sul e hoje compreende cerca de cinquenta espécies conhecidas. Anastasi, Erspamer e sua equipe haviam identificado a cerulina, um peptídeo da secreção da rã australiana *Hyla caerulea*. A cerulina tem um amplo espectro de efeitos farmacológicos em mamíferos, entre os quais o de abaixar a pressão sanguínea e o de induzir a defecação mediante aumento das secreções e contrações gastrointestinais, propriedade na qual é similar a um hormônio duodenal de mamíferos que intensifica a motilidade e as secreções intestinais. A cerulina e moléculas análogas foram ainda encontradas na pele de várias outras rãs da África do Sul e da América do Sul, além da Austrália. Tiveram início então os estudos sobre as *Phyllomedusinae*, que acabaram por encontrar em espécies *Phyllomedusa* um peptídeo semelhante à cerulina (e ainda mais potente, batizado de filocerulina), além de outros mais. Por volta de 1980, Monteccuchi e Erspamer publicaram a estrutura da sauvagina, um peptídeo da secreção de pele da *Phyllomedusa sauvagei* (rã da Argentina e do Cone Sul) com efeitos antidiuréticos e redutores da pressão sanguínea em mamíferos. Nessa altura, Erspamer já havia identificado seis famílias de peptídeos em dez espécies de *Phyllomedusa*. Entre esses peptídeos estava a dermorfina, que tem propriedades analgésicas muitas vezes mais potentes que as da morfina.

Durante a década de 1980, Erspamer e sua equipe publicaram dezenas de artigos sobre as *Phyllomedusa*. Em um deles, de 1985, exaltava-se o interesse excepcional da pele dessas rãs: "Seu tecido cutâneo parece ser uma mina inesgotável dessas moléculas [peptídeos]"; "nenhuma outra pele de anfíbio pode competir com a das *Phyllomedusa*, que já forneceram 23 peptídeos pertencentes a pelo menos sete famílias diferentes". O artigo, que viria a ser amplamente citado, trazia o sugestivo título "A pele das *Phyllomedusa*:. uma enorme fábrica e armazém de uma variedade de peptídeos ativos". Nele eram comparadas as quantidades de quatro peptídeos ativos na pele de onze rãs Phyllomedusinae, oito das quais do gênero *Phyllomedusa*. Embora os quatro peptídeos estivessem presentes em todas as espécies comparadas, suas quantidades variavam de modo notável, sendo a *Phyllomedusa bicolor* a espécie que possuía, de longe, a mais alta concentração desses peptídeos.

AS HISTÓRIAS DOS ETNÓGRAFOS

O primeiro registro inequívoco do uso de *kampô* por grupos indígenas data de meados dos anos 1920 e provém de Constant Tastevin (1880-1962), missionário francês da Congregação do Espírito Santo na região do Juruá entre 1905 e 1926 (naquele momento de *boom* da borracha, a área da missão era altamente promissora para a coleta comercial, embora muito pouco rentável na coleta de almas). Inicialmente um missionário comum, Tastevin escrevia relatos edificantes para publicações católicas, além de relatórios bem mais francos à sua congregação. Em meados da década de 1910, porém, Paul Rivet — que em 1925 fundaria o Instituto de Etnologia de Paris junto com Marcel Mauss e Lucien Lévy-Bruhl — interessou-se pelo seu conhecimento sobre a Amazônia e sugeriu-lhe que escrevessem juntos artigos para revistas de linguística e antropologia. Foi quando ele se reinventou como etnógrafo e geógrafo, passando a escrever uma série de importantes artigos sobre a então mal conhecida região do Alto Juruá. Durante a Segunda Guerra, quando a borracha voltou a ser matéria-prima estratégica para os Estados Unidos, todos os artigos geográficos de Tastevin foram traduzidos (mas não publicados) para o inglês para uso dos serviços de informação norte-americanos.

Num artigo publicado na revista *La Géographie* em 1925, Tastevin descreve o rio Muru, na bacia do Alto Juruá, e relata o uso de *kampô* entre os Kaxinawa,

Kulina e Kanamari. Afirma ter presenciado o uso do kampô entre os Kulina e descreve os procedimentos de extração e de aplicação da substância, bem como os efeitos por ela causados. Segundo ele, os Kaxinawa atribuem a origem do *kampô*, bem como de muitas outras coisas preciosas, tangíveis e intangíveis, como os machados, a *ayahuasca* (*honi*), o paricá e mesmo a noite, aos Jaminawa. Mais do que propriamente um etnônimo, *jaminawa* (literalmente "gente do machado") denotaria, como propõe Barbara Kieffenheim, uma posição genérica, a de fornecedor de bens: cada grupo indígena pano tem seus próprios *jaminawas*. Isso constitui uma característica que discutiremos com mais vagar adiante: a tendência indígena de atribuir bens culturais e saberes fundamentais a outros grupos, como se a cultura de cada grupo resultasse de apropriação, de "predação cultural".

A segunda menção inequívoca ao uso indígena do *kampô* foi feita em 1955, com referência aos Tikuna, grupo linguisticamente isolado no Alto Solimões, no Amazonas. Naquele ano, o zoólogo José Cândido de Melo Carvalho publicou as anotações de sua expedição de 1950 e relatou um uso similar da mesma rã pelos Tikuna, que a chamam de *bacururu*. Carvalho foi o primeiro a identificar a rã como *Phyllomedusa bicolor*.

A primeira menção em língua inglesa ao uso da secreção da perereca parece ocorrer em um artigo de 1962 do antropólogo Robert Carneiro, do Museu Americano de História Natural. Em texto posterior, de 1970, o autor descreve a prática como magia de caça entre os Amahuaca de língua pano do Peru. A descrição da posologia e dos efeitos coincide em todos os detalhes com as anteriores. Carneiro não conseguiu identificar a rã, mas os Amahuaca chamavam-na de *kambó*, nome bem próximo do nosso *kampô*. Apesar desse indício, é possível que não se trate da mesma espécie, já que Carneiro a descreve como uma rã pequena, enquanto a *Phyilomedusa bicolor* tem tamanho respeitável.

Em 1973, o antropólogo britânico Stephen Hugh-Jones registrou o uso da secreção entre os Barasana, mas trata-se de um uso um tanto excepcional, já que estes utilizavam-na para obter penas amarelas em pássaros domesticados, processo conhecido no Brasil como tapiragem. Seguiram-se várias outras menções à prática e à perereca, particularmente entre grupos pano do interflúvio em território brasileiro, como os Matis (Erikson 1996), os Matses (Romanoff 1984) e os Marubo (Montagner 1985, Melatti 1985).

É quando entram em cena dois norte-americanos: Peter Gorman viajante e jornalista *freelance*, e Kathe-

rine Milton, antropóloga física da Universidade da
Califórnia em Berkeley.

Peter Gorman escreveu relatos de sua experiência com "*sapo*" (termo do espanhol local designando
a secreção de rã, que lhe foi administrado por índios
Matses do rio Lobo, no Peru, em 1986.

> [...] Deixei Pablo queimar meu braço pela se-
> gunda vez [...]. Ele removeu a pele queimada
> e então esfregou um pouco de sapo sobre as
> áreas expostas. Instantaneamente meu corpo
> começou a esquentar. Em segundos eu estava
> queimando por dentro e arrependido de ter
> deixado que ele me aplicasse um medicamen-
> to sobre o qual eu nada sabia. Comecei a suar.
> Meu sangue acelerou. Meu coração disparou.
> Adquiri uma percepção aguda de cada veia e
> cada artéria de meu corpo, podia senti-las se
> abrindo para dar vazão ao incrível impulso
> do meu sangue. Meu estômago se contraiu
> e vomitei violentamente. Perdi o controle de
> minhas funções corporais e comecei a uri-
> nar e defecar. Caí no chão. Então, de repente
> me vi rosnando e andando de quatro. Tive a
> sensação de que animais passavam por den-
> tro de mim, tentando se expressar através do
> meu corpo. Foi uma sensação fantástica mas
> passou depressa, e eu só conseguia pensar

na disparada do meu sangue, uma sensação tão intensa que achei que o meu coração ia explodir. O ritmo foi se acelerando. Fiquei agoniado. Eu estava sem fôlego. Aos poucos os batimentos foram ficando estáveis e regulares, e por fim se aquietaram totalmente. Fui tomado de exaustão e caí no sono ali mesmo. Quando acordei, algumas horas depois, ouvi vozes. Mas quando recuperei meus sentidos, percebi que estava sozinho. Olhei ao redor e vi que eu havia sido lavado e colocado em minha rede. Levantei-me e andei até a beira do terraço da cabana sem paredes, e me dei conta de que a conversa que eu estava ouvindo era entre duas das esposas de Pablo, que estavam a uns vinte metros de distância. [...] Andei até o outro lado do terraço e olhei para a floresta: seus ruídos também estavam mais nítidos do que de costume. E não foi só minha audição que ficou mais apurada. Também minha visão, meu olfato; tudo à minha volta parecia ampliado e meu corpo parecia imensamente fortalecido.

Em um de seus retornos à aldeia, cerca de três anos mais tarde, Gorman obteve um bastão com uma amostra seca da substância e passou parte dela a Charles Myers, curador de herpetologia do Museu

Americano de História Natural, que a repassou por sua vez a John Daly, bioquímico que trabalhava na época no Instituto Nacional de Saúde dos Estados Unidos. John Daly era um conhecedor da bioquímica de anfíbios, já que havia estudado anfíbios tropicais do gênero Dendrobates, cujo veneno era tradicionalmente usado para envenenar pontas de flecha.

Em 1990, Gorman descreveu suas reações fisiológicas e neurológicas à substância. No mesmo ano, obteve dos Matses mais secreção seca e dois espécimes vivos. Um dos espécimes morreu logo depois de chegar aos Estados Unidos, e foi enviado para Daly. O outro foi enviado junto com uma amostra da secreção para Erspamer, na Itália, que o identificou como Phyllomedusa bicolor. Erspamer ficou evidentemente muito interessado pela descrição dos efeitos da secreção. Eis sua resposta de 1991, tal como relatada por Gorman:

> Com base nas concentrações e funções dos peptídeos encontrados e extraídos da amostra de rã que enviei, Erspamer conseguiu explicar todos 0s sintomas físicos que descrevi como intoxicação de sapo. Sobre os efeitos colaterais, Erspamer escreveu que "a cerulina e a filocerulina equiativa apresentam uma ação potente sobre a musculatura lisa do intestino delgado e as secreções gástricas epancreáti-

ças [...]. Os efeitos colaterais observados [em pacientes voluntários com atonia intestinal pós-operatória] foram náusea, vômitos, rubor facial, taquicardia leve [...], mudanças na pressão sanguínea, suor, desconforto abdominal e necessidade de defecar. A filomedusina, um novo peptídeo da família das tachiquininas, atua intensamente sobre as glândulas salivares, os dutos lacrimais e os intestinos, e contribuiu para o violento efeito purgativo que senti. A sauvagina provoca uma duradoura queda na pressão sanguínea, acompanhada por forte taquicardia e estímulo do córtex suprarrenal, o que contribuiu para [...] o aguçamento da percepção sensorial e o revigoramento que descrevi. A filoquinina, um novo peptídeo da família das bradiquininas, é um potente vasodilatador, e explicava a aceleração do meu fluxo sanguíneo durante a fase inicial da intoxicação por sapo. E possível razoavelmente concluir, escreveu Erspamer, "que os intensos sintomas cardiovasculares e gastrointestinais periféricos observados na fase inicial de intoxicação por sapo podem ser inteiramente atribuídos aos peptídeos bioativos conhecidos que ocorrem em grandes quantidades no material da rã.

Quanto aos efeitos centrais do sapo, escreveu ele, o aumento do vigor físico, a maior resistência à fome e à sede e, de um modo mais geral, o aumento da capacidade de enfrentar situações de estresse podem ser explicados pela presença de cerulina e sauvagina na droga". A cerulina produz em humanos "um efeito analgésico [que pode ser] associado à liberação de betaendorfinas [...] em pacientes que sofrem de cólica renal, de dores de repouso decorrentes de insuficiência vascular periférica [circulação limitada] e até de dores de câncer". Além disso, "provocou em voluntários humanos uma significativa diminuição da fome e da ingestão de alimentos."

A sauvagina extraída do sapo foi administrada a ratos por via subcutânea e provocou uma "liberação de corticotropina [um hormônio que desencadeia a liberação de substâncias da glândula suprarrenal] da pituitária com consequente ativação do eixo pituitário-suprarrenal"'. Esse eixo é o elo de comunicação química entre as glândulas pituitária e suprarrenal, que controla nosso mecanismo de defesa. Os efeitos no eixo pituitário-suprarrenal causados pelas doses ínfimas administradas aos roedores de laboratório duraram várias horas. Erspamer notou que o volume de sauvagina encontrado nas grandes quantidades de rã que os Matses usam, como eu tinha descrito, teria potencialmente um efeito bem mais duradouro em humanos, e explicaria por que as minhas sensações de vigor e de aguçamento da percepção sensorial após o uso duraram vários dias. Quanto aos efeitos "mágicos" que descrevi [...], porém, Erspamer diz que alucinações, visões ou efeitos mágicos não são produzidos pelos componentes peptídeos do sapo conhecidos ". Acrescentou que "ficava por resolver a questão" de saber se aqueles efeitos específicos, a sensação de que animais estavam passando por dentro de mim [...], se deviam "à aspiração de outras drogas com efeitos alucinógenos, particularmente o nu-nu".

O fato de Erspamer não poder explicar as alucinações atesta a seriedade de sua análise, já que não há outro registro etnográfico corroborando a ocorrência de alucinações devidas à secreção de perereca (o que confere um caráter idiossincrático ao relato de Gorman).

Enquanto isso, Katherine Milton, uma antropóloga física interessada em ecologia e dieta indígena na Amazônia, já havia passado algum tempo entre os Mayoruna, no Brasil. Milton, que afirmou não ter experimentado a substância, documentou todo o preparo da secreção de rã e levou uma amostra seca para John Daly, nos Estados Unidos. Embora Gorman e Milton tivessem estado respectivamente no Peru e no Brasil, a distância entre os locais de seus trabalhos de campo era de apenas cerca de 60 km e eles pesquisaram a mesma sociedade indígena, já que Mayoruna é simplesmente o nome brasileiro para os indígenas que no Peru são chamados de Matses. Como o uso da secreção de perereca entre os Matses fora registrado na tese de doutorado de Romanoff, de 1984, é provável que Katherine Milton conhecesse a referência.

Em 1992, John Daly e colaboradores — entre os quais Charles Myers e Katherine Milton — publicaram o primeiro artigo de bioquímica em que se faz referência ao uso tradicional indígena da *Phyllomedusa bicolor* e à literatura etnográfica sobre grupos pano. O artigo tratava da identificação de um peptídeo chamado adenorregulina.

No ano seguinte, Erspamer e colaboradores publicaram um artigo em que associavam as moléculas identificadas na amostra da secreção aos efeitos experimentados por Peter Gorman. O título rezava: "Estudos farmacológicos do sapo da pele da perereca *Phyllomedusa bicolor*: uma droga usada pelos índios peruanos Matses em práticas de caça xamânicas".

Na copiosa produção científica de Erspamer sobre as Phyllomedusa, esta é a primeira vez em que ele menciona e registra cuidadosamente várias fontes etnográficas.

Assim, os artigos de Daly, de 1992, e de Erspamer, de 1993, fornecem as duas primeiras provas irrefutáveis do reconhecimento científico acerca da existência de um conhecimento tradicional indígena sobre a *Phyllomedusa bicolor*. Qualquer que fosse o estado de coisas até então, não resta dúvida de que em 1992 — ano em que a CDB declarou que os recursos genéticos eram submetidos à soberania dos Estados nacionais e que conhecimentos tradicionais tinham direito a uma justa parcela dos benefícios — os biólogos já estavam plenamente informados dos dados etnográficos.

Não detalharei aqui a enxurrada de atividades e patentes relacionadas a moléculas derivadas da *Phyllomedusa* que se seguiram nos anos 1990 e pelo século XXI adentro. As patentes em geral foram se tornando cada vez mais comuns nesse período, com as universidades pressionando os pesquisadores a patentear suas invenções antes de publicá-las e o Acordo TRIPS-OMC garantindo que cada vez mais países as respeitassem.

"CULTURA" VERSUS CULTURA

Falei aqui da imaginação limitada que está na base dos dispositivos nacionais e internacionais sobre o conhecimento indígena. Em última análise, essa imaginação remete a uma noção de "cultura" da qual o conhecimento é apenas uma das manifestações. Em outras palavras, o modo de conceber os direitos intelectuais indígenas depende de como é entendida a "cultura". Como se sabe, o termo "cultura", em seu uso antropológico, surgiu na Alemanha setecentista e de início estava relacionado à noção de alguma qualidade original, um espírito ou essência que aglutinaria as pessoas em nações e separaria as nações umas das outras. Relacionava-se também à ideia de que essa originalidade nasceria das distintas visões de mundo de diferentes povos. Concebia-se que os povos seriam os "autores" dessas visões de mundo. Esse sentido de autoria coletiva e endógena permanece até hoje.

Saber até que ponto esse e outros pressupostos e conotações são universalmente aplicáveis é algo que requer uma cuidadosa investigação etnográfica. Antropólogos como James Leach, Marilyn Strathern, Deborah Gewertz, Simon Harrison e vários outros demonstraram de modo convincente o quanto as nossas noções de cultura e de propriedade intelectual são inadequadas para a Melanésia. Discutirei adiante alguns exemplos elucidativos da Melanésia e também da Amazônia. Neste ponto quero introduzir o seguinte conjunto de questões. Como é que povos indígenas reconciliam prática e intelectualmente sua própria imaginação com a imaginação limitada que se espera que eles ponham em cena? Como é que esses povos ajustam contas com os conceitos metropolitanos, em particular com as percepções metropolitanas de conhecimento e de cultura? Com isso chamo a atenção tanto para os usos pragmáticos de "cultura" e "conhecimento" por parte de povos indígenas como para a coerência lógica que é capaz de superar contradições entre as imaginações metropolitana e indígena. Como é que indígenas usam a *performance* cultural e a própria categoria de "cultura"? Como é possível ter simultaneamente expectativas diferentes, quando não opostas, sem sentir que há contradição?

Questões como essas nos levam de volta à antropologia clássica. Elas estavam na base do magnífico livro de Evans-Pritchard sobre *Feitiçaria, oráculos e magia entre os Azande*, de 1936. Evans-Pritchard mostrou o alcance da etnografia ao demonstrar que as contradições não eram percebidas pelos Azande porque as regras sociais práticas e as crenças por elas implicadas mantinham uma separação tão estrita entre contextos que nenhuma contradição flagrante podia aflorar. Pode ser esse o caso também na situação com que estamos lidando, com as devidas diferenças. Postular que direitos costumeiros devam reger a alocação e a distribuição de benefícios no âmbito interno, como o faz a maioria das legislações nacionais, é uma maneira de tentar separar o contexto interno do externo.

Em "Culture in Politics: intellectual rights of indigenous and local people" (2002), texto apresentado em um simpósio e disponível on-line, afirmei a necessidade de distinguir contextos. Mas isso não para evitar pragmaticamente a manifestação de contradições, como no caso Azande, e sim por uma questão de lógica. Sugeri que era preciso distinguir a estrutura interna dos contextos endêmicos da estrutura interétnica que prevalece em outras situações. Cabe uma advertência: a lógica interétnica não equivale à submissão à lógica externa nem à lógica do mais forte. É antes um modo de organizar a relação com estas outras lógicas. E como tenho dito repetidas vezes desde 1979, as situações interétnicas não são desprovidas de estrutura. Ao contrário, elas se auto-organizam cognitiva e funcionalmente.

Esse tipo de processo — a organização e a ênfase de diferenças culturais — tem recebido maior atenção nos estudos coloniais e pós- coloniais, mas a lógica interétnica não é específica da situação colonial, nem de um desequilíbrio de forças de modo geral. Como notou Sahlins, a cismogênese de Bateson, bem como *Raça e história*, "A gesta de Asdiwal" e os quatro volumes das *Mitológicas* de Lévi-Strauss, já tratavam do contraste entre diferentes grupos de pessoas independentemente de sua relação de forças.

A ideia de articulação interétnica é uma continuação natural da teoria lévi-straussiana do totemismo e da organização de diferenças. Em contraste com o que ocorre em um contexto endêmico, em que a lógica totêmica opera sobre unidades ou elementos que são parte de um todo social, numa situação interétnica são as próprias sociedades como um todo que constituem as unidades da estrutura interétnica, constituindo-se assim em grupos étnicos. Estes são elementos constitutivos daquela e dela derivam seu sentido. Segue-se que traços cujo significado derivava de sua posição num esquema cultural interno passam a ganhar novo significado como elementos de contrastes interétnicos. Integram dois sistemas ao mesmo tempo, e isso tem consequências. Para tornar mais precisa a definição de "cultura" a que apenas aludi no início deste texto, sugiro que usemos aspas — "cultura" — para as unidades num sistema interétnico.

"Cultura" tem a propriedade de uma metalinguagem: é uma noção reflexiva que de certo modo fala de si mesma. Pois bem, a questão geral que quero comentar é a seguinte: como é possível operar simultaneamente sob a égide da "cultura" e da cultura e quais são as consequências dessa situação problemática? O que acontece quando a "cultura" contamina e é contaminada por aquilo de que fala, isto é, a cultura? O que ocorre quando está por assim dizer presente na mente ao lado daquilo que supostamente descreve? Quando os praticantes da cultura, os que a produzem ao reproduzi-la, pensam a si mesmos sob ambas as categorias, sendo uma concebida em teoria (ainda que não na prática) como a totalidade da outra? Em suma, quais são os efeitos da reflexividade sobre esses tópicos?

Antes de passarmos a isso, permitam-me formular uma definição simples e prática de cultura sem aspas. Já se derrubaram árvores demais para alimentar as intermináveis polêmicas sobre o tema, e não vou desperdiçar outras tentando resumi-las. Não só isso: para me manter à distância das controvérsias de minha disciplina, adotarei a definição de um crítico literário que me parece resumir o que o consenso contemporâneo assimilou da antropologia. Eis o que Lionel Trilling escreveu em *Sincerity and Authenticity (Sinceridade e autenticidade)* ao definir a "ideia de cultura":

> ... um complexo unitário de pressupostos, modos de pensamento, hábitos e estilos que interagem entre si, conectados por caminhos

secretos e explícitos com os arranjos práticos
de uma sociedade, e que, por não aflorarem à
consciência, não encontram resistência à sua
influência sobre as mentes dos homens.

O comentário sobre a (in)consciência é discutível, mas deixemo-lo passar, já que não é essencial para o assunto que nos interessa aqui.

No mencionado texto de 2002 o meu ponto de partida era o seguinte dilema. Várias organizações com as quais me alinho de modo geral como cidadã defendem que o conhecimento tradicional seja colocado em domínio público, ou mais precisamente *"domaine public payant"* (sempre em francês, por razões históricas). Isso significa que o conhecimento tradicional fica acessível a todos, mas a sociedade que o originou ou detém mantém o direito a receber pagamento caso algum produto de valor comercial seja derivado dele. Contudo, como veremos a seguir, em muitas sociedades tradicionais existe a noção de direitos privados sobre conhecimentos. Cheguei mesmo a sugerir uma correlação um tanto paradoxal: quanto menos uma sociedade concebe direitos privados sobre a terra, mais desenvolve direitos sobre "bens imateriais", exemplificados em particular pelo conhecimento. Como então apoiar um projeto que tem como consequência o *domaine public payant* para conhecimentos tradicionais quando sabemos que isso muitas vezes é contrário ao direito costumeiro? Minha conclusão era a de que a contradição podia ser resolvida observando-se que quando consideramos direitos costumeiros estamos nos movendo no campo das culturas (sem aspas), ao passo que quando consideramos as propostas legais alternativas e bem-intencionadas estamos no campo das "culturas".

Decorre daí que dois argumentos podem ser simultaneamente verdadeiros: i) existem direitos intelectuais em muitas sociedades tradicionais: isso diz respeito à cultura; ii) existe um projeto político que considera a possibilidade de colocar o conhecimento tradicional em domínio público (*payant*): isso diz respeito à "cultura". O que pode parecer um jogo de palavras e uma contradição é na verdade uma consequência da reflexividade que mencionei.

A REFLEXIVIDADE E SEUS EFEITOS
(COM AGRADECIMENTOS A MAURO ALMEIDA)

Sabemos, desde Bertrand Russell, que a reflexividade é a mãe de todos os paradoxos do tipo "o mentiroso". O cretense que diz sobre si mesmo: "Minto", está ao mesmo tempo mentindo e dizendo a verdade.

Pois se estiver mentindo estará dizendo a verdade, e se estiver dizendo a verdade estará mentindo. O paradoxo, como Russell foi o primeiro a notar, decorre da perigosa capacidade do cretense de falar sobre sua própria fala. Toda linguagem que possa falar sobre si mesma é dotada da capacidade de fazer certas afirmações que são simultaneamente falsas e verdadeiras. Isso acontece não só com a linguagem comum, mas também, como mostrou Alfred Tarski na década de 1930, com muitas outras sublinguagens, inclusive as formais. O que todas essas linguagens têm em comum é o fato de permitirem a citação. O uso de aspas é um exemplo desse recurso.

Qualquer linguagem que seja suficientemente expressiva para poder fazer citações, e que portanto seja dotada de autorreferência, leva a paradoxos. Pode-se escolher entre resignar-se a não poder dizer tudo — e a linguagem será incompleta — ou poder dizer tudo, mas nesse caso seria-se levado a afirmações contraditórias. É preciso optar — e esse é o cerne do teorema de Gödel — entre completude e coerência. Russell, é claro, optou pela coerência. Mas só lógicos e advogados exigem coerência. A escolha do senso comum privilegia a completude, e é por isso que nós, antropólogos, que lidamos com o senso comum, estamos mais interessados em linguagens completas. Assim como quase todo mundo, incluindo-se aí os índios no Brasil. De modo que é em plena consciência, e em concordância com uma convenção clássica, que opto por colocar "cultura" entre aspas quando me refiro àquilo que é dito acerca da cultura.

*

Com mais frequência do que costumamos admitir, pessoas têm consciência da própria "cultura" ou de algo que se lhe assemelha, além de viver *na cultura*. Os exemplos são inúmeros, e logo adiante evocarei alguns. Lévi-Strauss admite essa copresença de "cultura" e cultura em sua famosa "Introdução à obra de Marcel Mauss", na medida em que evoca uma exegese nativa que é ao mesmo tempo parte e comentário do discurso. A "tomada de consciência" da cultura de que fala Franz Boas certamente não é nenhuma novidade, nem tampouco um mero fenômeno contemporâneo ou colonial: a autoconsciência de *kerekere* como um costume fijiano, como mostrou Sahlins, precedeu o domínio britânico, não decorreu dele.

As pessoas, portanto, tendem a viver ao mesmo tempo na "cultura" e na cultura. Analiticamente, porém, essas duas esferas são distintas, já que se baseiam em diferentes princípios de inteligibilidade. A lógica interna da cultura não coincide com a lógica interétnica das "culturas". Uma das fontes do meu interesse nesse assunto — afora minha formação em matemática — é uma profunda observação de Louis Dumont em sua *Introdução a duas teorias de antropologia social* que é muito elucidativa para a presente discussão, embora seu autor a considere simplesmente como "idiossincrática". Dumont afirma que o que as coisas *são* depende do conjunto de coisas de que fazem parte. Contrariamente à nossa percepção, as coisas não podem ser definidas em si mesmas, mas apenas como elementos deste ou daquele conjunto. A questão, então, é saber como é que as pessoas fazem para viver ao mesmo tempo na "cultura" e na cultura.

A objetivação da cultura, contrariamente ao que afirmaram muitos antropólogos, não começou com o colonialismo, como acabamos de afirmar. O antropólogo britânico Simon Harrison, por exemplo, resenhou a enorme literatura antropológica acerca dos múltiplos e antigos testemunhos dessa reificação em toda a Melanésia, inclusive no período pré-colonial. Termos metaculturais, ou palavras que falam sobre a cultura, são onipresentes na região. Traços culturais constituem-se em objetos ou quase objetos passíveis de todo tipo de transação: direitos sobre rituais, cantos, saberes e fórmulas mágicas podem ser ofertados ou vendidos. Segundo a descrição dos Arapesh feita por Margaret Mead em 1938, populações montanhesas compravam rituais de populações costeiras para posteriormente vendê-los a terceiros a fim de comprar outros. Havia até sociedades especializadas na produção cultural para exportação, para usar a feliz formulação de Harrison. Os Mewun de Vanuatu eram produtores de *kastom*, a palavra neomelanésia ou *pidgin* geralmente traduzida por "tradição": forneciam a seus vizinhos — e portanto (já que se trata da Melanésia) aos vizinhos de seus vizinhos — bens imateriais como danças, cantos e rituais.

Desse modo, bens culturais eram concebidos como propriedade (compreendida aqui como um conjunto cultural de direitos) e cuidadosamente guardados. Mas não eram inalienáveis. Os direitos sobre bens culturais eram objeto de transações que podiam assumir as mais variadas formas. Podia haver, por exemplo, o que chamaríamos de venda de direitos exclusivos sobre padrões ornamentais, mediante a qual alguém cedia todo e qualquer direito ao uso dos padrões empregados para decorar sua casa. O mais comum era uma espécie de "franquia": podia-se, por exemplo, ceder o direito de executar uma dança e manter outros direitos de propriedade sobre ela. Ao que tudo indica, contava menos a exclusividade cultural da execução do que o direito exclusivo de autorizar empréstimos ou aquisições culturais. As religiões cristãs foram inseridas no sistema, e a tal ponto que em 1878, segundo Neumann, missionários metodistas foram mortos porque se aventuraram a tentar converter novas aldeias antes de serem concluídas as indispensáveis negociações em torno dos direitos sobre o cristianismo detidos pelas aldeias previamente convertidas. Direitos a adotar traços culturais alheios faziam parte da extensa gama de bens em circulação nas redes de trocas que acompanhavam casamentos ou parcerias comerciais. A distinção entre itens tangíveis e intangíveis, isto é, o status dos itens em si, era secundária em relação à conhecida primazia das relações de troca.

Como em vários outros domínios, as sociedades amazônicas e melanésias compartilham algumas dessas características. Em quase toda a Amazônia, costumes, cantos, cerimônias, saberes e técnicas têm por definição uma origem alheia: o fogo foi roubado da onça ou do urubu; adornos e cantos são recebidos de espíritos ou conquistados de inimigos. Como se houvesse uma espécie de fetichismo cultural generalizado, ambas as sociedades parecem não reconhecer aquilo que consideramos como criações suas. Esse não reconhecimento pode estar ligado ao prestígio associado a bens exóticos, mas esse próprio prestígio requer explicação, e pode se expressar sob várias modalidades. Na Amazônia, por exemplo, ele se fundamenta num conceito de cultura como empréstimo — na abertura para o Outro que Lévi-Strauss ressaltou em *História de Lince*. Em vez de manter distância de forasteiros, os amazônicos demonstram um extraordinário apetite pelo Outro e por suas bugigangas, chegando nisso a extremos canibais. Isso contrasta de modo flagrante com a conhecida prática dos imperadores chineses, que, como ressaltou Sahlins, depositavam os presentes europeus — telescópios, carruagens e outros objetos com os quais se pretendia impressioná-los — numa espécie de museu de curiosidades: inúteis em termos de identidade, esses objetos não eram assimilados pelo Império, mas depositados nos palácios de verão.

A França do século XVI também tinha seus "*cabinets de curiosités*". É possível que a duradoura voga do exotismo na França tenha se originado naquele século, pois se encontram no Louvre *coités* brasileiros montados em suportes de ouro durante o reinado de Henrique II. De todo modo, o valor atribuído ao exótico na França requer que ele mantenha a qualidade de estrangeiro,' que continue fazendo parte de um sistema diferente. Ele certamente pode constituir uma marca de distinção de classe, mas sempre como um objeto de um mundo diferente. Absorvê-lo, assimilá-lo, destruiria seu valor. É possível que essa distância social seja justamente o que possibilitou a comparação sociológica praticada por Jean de Léry e sobretudo por Montaigne, feita de espelhamentos e oposições entre os costumes da Europa e os do Brasil. Na Amazônia, ao contrário, o estrangeiro não é mantido à distância, mas — como sugeriu Eduardo Viveiros de Castro — incorporado (e é aqui que a metáfora canibal, justamente, não é metáfora). A mesma voracidade se manifesta, como acabamos de ver, em relação aos traços culturais. Num tal universo, como bem diz o mesmo Viveiros de Castro, cultura é por definição aculturação.

Um conhecido regime de bens intangíveis desse tipo é aquele que rege os nomes pessoais e os privilégios a eles associados nas sociedades jê do Brasil Central. Usarei como exemplo o caso dos Mebengokre-Kayapó, descrito em detalhes por Vanessa Lea. Entre eles, um conjunto de nomes bonitos é um bem limitado e que como tal não deve ser dilapidado. Os nomes bonitos trazem consigo uma série de riquezas imateriais chamadas nekrêt, que consistem em direitos complexos sobre cantos, papéis rituais e ornamentos, além do direito a determinadas partes da carne de caça (para os homens) e do direito a domesticar determinados animais (para as mulheres). Os primeiros nomes bonitos foram adquiridos de peixes, mas os xamãs propiciam um fluxo constante de novos nomes que obtêm em suas viagens noturnas. Esses nomes e as prerrogativas a eles associadas constituem propriedade, e os detentores desse tipo de propriedade são pessoas de casas organizadas por descendência matrilinear. Se não houver ninguém disponível na casa em uma dada geração, os nomes podem ser cedidos em usufruto vitalício a pessoas de outras casas, que irão portá-los vicariamente, com a condição de passarem-nos adiante para membros da casa de origem. A ideia é que todos os nomes devem estar presentes em cada geração. Mas as figuras jurídicas que se aplicam a nomes não se restringem a propriedade e usufruto: nomes podem ser emprestados, custodiados, roubados e, provavelmente, predados ou conquistados.

Uma observação de Lea me permitirá voltar à questão inicial depois de todos esses exemplos. Ela afirma que os Kayapó não estão preocupados em preservar nomes *em geral,* mas apenas aqueles pertencentes a cada casa materna. Deveríamos concluir que a cultura tem sua própria "mão invisível" e não é senão o resultado geral do apego de cada um às suas próprias prerrogativas? Talvez seja mais relevante perceber que, dado o caráter fracionado desse apego à riqueza imaterial de cada casa, a noção de um patrimônio cultural coletivo e compartilhado pode não ser pertinente na chave tradicional Kayapó.

Como observou Harrison, há uma marcada diferença entre a cultura entendida desse modo, passível de acumulação, empréstimos e transações, e aquela que chamei de "cultura" e que opera num regime de etnicidade. Nesta última, entre outras coisas, a cultura é homogeneizada, estendendo-se democraticamente a todos algo que é, de um outro ponto de vista, uma vasta rede de direitos heterogêneos. Num regime de etnicidade, pode-se dizer que cada kayapó tem sua "cultura"; no regime anterior — que agora, como veremos, coexiste com o outro —, cada kayapó tinha apenas determinados direitos sobre determinados elementos de sua cultura.

Os Kayapó de hoje participam tanto de uma ordem interna na qual cada um é diferente quanto de outras ordens, uma das quais os subsume como um grupo étnico distinto dos demais grupos étnicos. E em um nível ainda acima eles são incluídos em todas as outras sociedades indígenas nativas como "índios", "índios genéricos", para usar a expressão de Darcy Ribeiro com uma nova inflexão. Cada uma das três ordens opera distinções específicas. Mas a questão que queremos considerar é como essas ordens embutidas uma na outra se afetam mutuamente a ponto de não poderem ser pensadas em separado.

Duas observações talvez triviais confirmam que isso de fato ocorre. A primeira é que todas essas "ordens" coalescem nos mesmos seres humanos cuja atuação é implicada e mobilizada em sua realização e em seu futuro. Embora se possa ver cada esfera como organizada por uma lógica sui generis, as mesmas pessoas vivem simultaneamente nessas múltiplas esferas. O que implica lidar com as exigências simultâneas decorrentes da lógica de cada uma dessas esferas.

Ian Hacking chamou de "efeito de *looping*" o fato de que os "tipos humanos" (*human kinds*, como ele os chama por oposição aos tipos animais) compreendem entes que têm consciência de como são classificados e de que essa consciência tem efeitos próprios. A teoria da rotulação (*labelling theory*) afirma que pessoas que são rotuladas institucionalmente passam a se comportar de modo estereotipado, como se espera que o façam. Mas isso, argumenta Hacking, é uma simplificação. No processo, a consciência produz nos indivíduos mudanças comportamentais que na prática podem ser muito diferentes daquilo que se espera do tipo humano em questão. Assim, o próprio tipo se torna diferente e então "há um novo conhecimento a ser obtido sobre o tipo. Mas esse novo conhecimento, por sua vez, torna-se parte do que se deve saber acerca dos membros do tipo, que muda novamente". Isso é o que chamo de 'efeito de *looping*' para os tipos humanos". Note-se o paralelo entre a autorreflexão implícita na discussão de Hacking e o movimento reflexivo implicado na "cultura" como metadiscurso sobre a cultura. O que estou sugerindo aqui é que a reflexividade tem efeitos dinâmicos tanto sobre aquilo que ela reflete — cultura, no caso — como sobre as próprias metacategorias, como "cultura".

A manifestação do velho chefe yawa que mencionei no início do texto pode ser compreendida à luz dessa coexistência de cultura e "cultura". Vimos que ele afirmava que *honi* não era *cultura*. A "cultura" é por definição compartilhada. Quando retraduzida em termos vernaculares, supõe um regime coletivo que é sobreposto àquilo que anteriormente era uma rede de direitos diferenciais. Assim, o uso de "cultura" tem um efeito coletivizador: todos a possuem e por definição todos a compartilham. Era contra isso, a meu ver, que o chefe yawanawa se insurgia. Embora honi esteja ao alcance de qualquer yawanawa adulto, alguns têm direitos específicos sobre a bebida, como o de prepará-la ou administrá-la. Se *honi* fosse "cultura", raciocinava ele, qualquer yawanawa poderia reivindicar tais direitos...

REGIMES DE CONHECIMENTO

Em que consiste o conhecimento? O que se insere nessa categoria? Quais são suas subdivisões, seus ramos, suas especialidades? De que categoria mais abrangente faz parte? Como é produzido? A quem é atribuído? Como é validado? Como circula e é transmitido? Quais direitos e quais deveres gera? As respostas a essas e a muitas outras questões conexas variam muito, e cada conjunto de respostas corresponde a um regime de conhecimento *sui generis*.

Nosso regime atual foi arduamente construído e deliberadamente unificado, desde o século XVII, mediante acordos sobre autoria, procedimentos de ratificação e assim por diante. Os instrumentos internacionais, quase por definição e com a melhor das intenções, caem em algumas armadilhas. Começam por desconsiderar variações entre regimes específicos de conhecimentos e fundem-nos em uma noção homogênea. Tratam o conhecimento tradicional sumariamente no singular, como uma categoria definida meramente por oposição ao conhecimento científico, sem contemplar a miríade de espécies incluídas sob o mesmo rótulo. Uma vez que o conhecimento científico foi tornado uno e universalizado, especula-se (e incluo aqui o sentido etimológico da palavra, que vem do espelhamento) a unidade do conhecimento tradicional. Como se o único só pudesse se defrontar com um outro único e não com a multiplicidade.

Os instrumentos internacionais presumem também que o conhecimento tradicional seja coletivo e "holístico", termo cuja indefinição permite variadas interpretações. Tratam ainda o conhecimento tradicional, muito embora esta acepção esteja sendo cada vez mais contestada, como um *thesaurus*, isto é, um conjunto completo e fechado de lendas e sabedorias transmitidas desde tempos imemoriais e detidas por certas populações humanas, um conjunto de saberes preservados (mas não enriquecidos) pelas gerações atuais. Note-se que uma concepção como esta enviesa as políticas públicas na direção do "salvamento". O que passa a importar não é a conservação dos modos de produção dos conhecimentos tradicionais, e sim o resgate e a preservação desses *thesauri*, que se compararam a outras tantas "Bibliotecas de Alexandria".

Tem se firmado na literatura jurídica e nas declarações de movimentos indígenas internacionais a noção de que os conhecimentos tradicionais não são simplesmente um *corpus* estabilizado de origem imemorial, e sim conjuntos duradouros de formas particulares de gerar conhecimentos. O conhecimento tradicional, segundo essa visão, não é necessariamente antigo. Tradicionais são seus procedimentos — suas formas, e não seus referentes. Esses procedimentos são altamente diversos. Os critérios de verdade e os protocolos de pesquisa em regimes de conhecimento tradicional não se baseiam só no experimento e na observação empírica perseguidos com paixão. Como mostrou Lévi-Strauss em O *pensamento selvagem* (e Kuhn mostrou aplicar-se também aos paradigmas da ciência ocidental), busca-se também o que se poderia chamar de consistência lógica. Algumas coisas se encaixam nos sistemas preexistentes mas outras simplesmente não são compatíveis com eles, e isso é algo que os dados empíricos *per se* simplesmente não têm o poder de desmontar. Marc Bloch deu um brilhante exemplo de como a própria categoria de dado experimental depende de certas premissas. O "milagre régio", que atribuía aos reis taumaturgos franceses e ingleses o poder de curar escrófulas, era entendido como um fato da experiência. Quando surgiram dúvidas sobre o milagre régio na Itália renascentista, não se questionaram os fatos em si; o que interessava era dar-lhes outra explicação e contestar a ideia de que tal privilégio seria exclusivo dos reis da França e da Inglaterra.

Fontes e fundamentos de autoridade também são bastante diversos. Sem esgotar todas as suas formas possíveis, desde já distinguem-se duas. Pode-se conferir autoridade à experiência direta e também à própria fonte, cada fonte derivando seu valor de verdade da sucessão de elos de autoridade na cadeia de transmissão de conhecimento. O contraste entre essas duas formas de autoridade é destacado numa citação que tomo emprestada de Marshall Sahlins, que a atribui a Sir Joseph Banks, integrante da primeira expedição do capitão Cook, que por sua vez a adotou de um humorista do século XVIII (note-se a cadeia de autoridade que estou invocando): "Já que me afirmas que assim é, tenho de acreditar. Mas confesso que se o tivesse visto com meus próprios olhos teria grandes dúvidas".

Na Melanésia, como informa Lindstrom, o conhecimento está fundado na autoridade da fonte. Já na Amazônia, segundo vários autores, é a experiência direta que prevalece. O conhecimento se fundamenta no peso das experiências visuais, auditivas e perceptivas. A sabedoria atribuída a certos anciões e pajés se deve às muitas coisas que teriam visto, ouvido e percebido. O caçador empanemado é aquele que vai para a floresta e não tem a percepção sensorial dos seres que ali estão. Sua carência não reside em suas habilidades de caçador: ele não erra o alvo, simplesmente não o vê nem o ouve. O caçador precisa se antecipar à caça, vê-la antes de ser visto, ouvi-la antes de ser ouvido. A intimidade com a floresta e seus habitantes, o interesse que se tem por eles, relacionam-se à percepção. E pela experiência direta que se aprende, e isso vale para caçadores, para pajés ou quem quer que seja. Nesse sentido, as histórias de caçadas que contam os Runa, sociedade amazônica do Equador e que Eduardo Kohn relata e analisa de modo notável, são muito instrutivas. Equivalem a memorandos perceptuais: não se trata apenas de recriar para o ouvinte uma série de episódios, mas de fazer uma transcrição visual e auditiva da experiência.

Segundo David Kopenawa Yanomami, cujas memórias foram registradas e transcritas por Bruce Albert, para que uma pessoa se torne um xamã é preciso que os espíritos xapiripès a vejam; reciprocamente, é preciso que aprenda a vê-los. Kopenawa relaciona explicitamente a caça à percepção visual e auditiva:

> Comecei a ver os xapiripès pouco a pouco, porque cresci brincando na floresta. Eu sempre estava procurando a caça. E de noite, quando sonhava, comecei a ver a imagem dos animais ancestrais que se aproximavam de mim. Os enfeites e as pinturas no corpo deles brilhavam cada vez mais no escuro. Eu conseguia ouvi-los falar, ouvi-los gritar.

Mas a percepção não é unívoca. Alucinógenos propiciam experienciar diretamente como se pode perceber o mundo de modos diferentes — ou que diferentes mundos podem coexistir perceptualmente, numa formulação mais amazônica. Nas ontologias das sociedades amazônicas, como sugeriu Eduardo Viveiros de Castro, nem todos percebem as mesmas coisas e as coisas não são percebidas do mesmo modo por diferentes seres sensíveis. O que vemos como um cadáver em putrefação é, do ponto de vista dos urubus, um convidativo caxiri. E o que vemos como um ser humano é, para o jaguar que o devora, um apetitoso porco-do-mato. Toda percepção do real é fruto de um ponto de vista singular, sem que exista qualquer posição privilegiada. O que é universal não é um conjunto de coisas objetivas, e sim um modo de organizá-las. Assim, não se concebe uma natureza compartilhada e dada à qual culturas idiossincráticas imporiam uma ordem — a cultura é o universal; a natureza é que é idiossincrática. Os animais e nós, humanos, organizamos o mundo do mesmo modo, mas nossos referentes são diferentes dos deles. Os referentes da percepção são relativos à espécie, mas a sua organização — a cultura — é universal.

Paradoxalmente, portanto, a percepção é equívoca quanto àquilo a que se refere e ao mesmo tempo é uma determinante fonte de conhecimento. Como diria Merleau-Ponty, ainda que haja uma primazia da percepção não há concordância universal quanto aos seus referentes. Talvez seja por isso que os sonhos individuais, feitos de percepções sem referentes, sejam fontes de conhecimento perfeitamente legítimas na maioria das sociedades amazônicas.

Ative-me aqui à discussão de alguns procedimentos de validação do conhecimento a título de exemplo de como se deveria examinar os diferentes regimes de conhecimento.

NOSSO PRÓPRIO REGIME DE CONHECIMENTO

Do mesmo modo que não conseguimos reconhecer os múltiplos regimes de conhecimento tradicional, permanecem não explicitados os pressupostos que estão na base do sistema ocidental de propriedade intelectual. A construção contemporânea dos direitos de propriedade intelectual tem em sua base a noção romântica do autor criativo que constrói uma obra original *ab nihilo*. Ao longo das últimas décadas essa construção foi objeto de críticas pertinentes por parte de autores como Woodmansee, Jaszi, Rose, Boyle, Coombe, Lessig, Adrian Johns e muitos outros. Já nos anos 1940, antropólogos como Leslie White e

Kroeber questionavam essa concepção do gênio criativo; e nos anos 1950, vários expoentes das ciências exatas, tais como o químico Michael Polanyi e o matemático Norbert Wiener se juntaram a essas críticas. A mesma falácia se aplica à criação artística e à invenção científica. A concepção demiúrgica de uma autoria que parece baixar por inspiração divina omite as contribuições intelectuais coletivas e individuais em que se fundam a invenção e a criação. Nesse quadro de pensamento, algo parece paradoxal: as prerrogativas dos agentes que financiam as pesquisas. Hoje em dia as patentes normalmente não são propriedade do pesquisador individual, mas da instituição ou empresa que financia sua pesquisa. Como observou Thorstein Veblen há tempos, isso é uma extensão paradoxal do raciocínio que está por trás dos direitos de propriedade intelectual. O paradoxal aqui não é que universidades ou empresas queiram recuperar investimentos em pesquisa por meio de direitos de propriedade intelectual, mas que se possa considerar compatível que esses direitos estejam baseados na ficção do gênio criador e que se atribua a propriedade deles ao financiador.

Na verdade, desde seu surgimento na Grã-Bretanha no início do século XVII, os direitos autorais — os primeiros direitos de propriedade intelectual surgidos no Ocidente — não foram instituídos para proteger os autores, e sim o monopólio de editores londrinos, ameaçado por edições piratas feitas por escoceses. Ao contrário do que se poderia supor, portanto, foram os editores e não os autores que suscitaram os debates em torno da instituição de direitos autorais sobre a obra literária. Tratava-se de atribuir a propriedade literária aos autores simplesmente para que estes pudessem vendê-la aos editores, proporcionando-lhes um monopólio se não eterno, como se pensou inicialmente, pelo menos pro tempore. Assim, a propriedade literária significava, na prática, dar ao autor a liberdade de vender seus direitos criativos, e com exclusividade, a um editor. Em vez de se buscar estabelecer os direitos morais eternos dos criadores, como ocorreu em países como a Alemanha, visou-se justamente a alienabilidade da obra. Em vez de direitos morais, direitos de propriedade. A fim de atingir esses resultados empreenderam-se consideráveis esforços retóricos para definir o trabalho literário, ora conforme o modelo da paternidade biológica, ora conforme o do trabalho agrícola, paradigma, segundo Locke, da figura da propriedade.

CONVERSA DE "CULTURA ", CONVERSA DE KASTOM — COMO CRIAR UM CASO EM TORNO DE TERMOS DE EMPRÉSTIMO

Quanto aos próprios povos indígenas amazônicos, agora usam a torto e a direito o termo *"cultura"*. Terence Turner chamou a atenção para o fato em 1991, mostrando como *"cultura"* se tornara um importante recurso político para os Kayapó. Um processo semelhante foi extensamente descrito na Melanésia, onde a palavra kastom, termo neomelanésio derivado do inglês *"custom"*, adquiriu vida própria. Embora os Kayapó por vezes utilizem um termo mais ou menos equivalente em sua língua, parecem preferir usar a palavra em português, *cultura*.

É esse o detalhe aparentemente trivial que eu gostaria de explorar a partir do material krahô: qual a razão para o frequente uso da palavra cultura quando vários outros itens de origem externa e de uso igualmente amplo (como o dinheiro, por exemplo) são designados por um termo krahô? Na verdade, a frequência com que *cultura* permanece sem tradução nesses contextos é um fato digno de nota. Como observou Jakobson, nenhum elemento de um vocabulário é de fato intraduzível de uma língua para outra. Na falta de outra coisa, sempre é possível recorrer a neologismos ou a circunlóquios na língua vernácula. Segue-se que usar palavras estrangeiras em sua forma original constitui uma opção deliberada. Resta então entender o significado dessa opção. Usar termos de empréstimo é o mesmo que declarar sua intradutibilidade, um passo que, como vimos, não é ditado por limitações linguísticas, mas empreendido por opção. Esse ponto, que à primeira vista parece tautológico, é altamente significativo. Pois os termos de empréstimo contêm informação metassemântica: sinalizam que houve a escolha de manter termos explicitamente ligados a um determinado contexto, embora houvesse outros meios disponíveis para a comunicação semântica. Os termos de empréstimo devem ser entendidos segundo uma certa chave. Em suma, eles indicam o registro de sua própria interpretação.

Numa notável tese de doutorado apresentada em 2004 na Universidade de Chicago (e hoje já publicada sob o título "Pastoral Quechua"), Alan Durston fornece uma ilustração histórica de minhas afirmações. A tese trata das políticas que regiam a tradução para o quechua de catecismos e outros textos litúrgicos no Peru colonial. O quechua religioso variou muito de 1530 a 1640, mas uma mudança decisiva foi introduzida na década de 1570 pelo Terceiro Concilio de Lima. Durante as primeiras décadas de evangelização aceitavam-se termos quechuas para traduzir noções cristãs. O Terceiro Concilio de Lima reverteu essa tendência. O motivo disso foi perceber-se claramente que com termos quechuas ficava muito difícil saber quem estava ditando o sentido, se a Igreja ou o povo. "Cristianizar" rituais, cosmologias e termos quechuas equivalia a dar aos povos dominados instrumentos com os quais eles podiam inserir o cristianismo na cosmologia inca. Para evitar esse risco o Concilio decidiu abolir o uso de palavras e raízes quechuas e impor o emprego exclusivo de termos de empréstimo para os principais conceitos cristãos. Palavras como *santo, confesión, alma* e sobretudo *Dios* e *Espíritu Santo* não podiam mais ser traduzidas para o quechua. Note-se que os termos de empréstimo nesse caso não eram empregados para manter a autoridade do termo original, que nesse caso seriam palavras em aramaico, ou talvez em grego (da Septuaginta) ou ainda em latim (da Bíblia de São Jerônimo). Os termos de empréstimo vinham da língua dos missionários, que era o espanhol do Peru e da Nova Espanha.

Outra ilustração muito parecida vem de exemplos brasileiros. Os catecismos na língua franca baseada no tupi usada no Brasil pelos jesuítas passaram por uma transformação semelhante àquela ocorrida no Peru: a certa altura abandonou-se o vocabulário cristão tupi das primeiras décadas em favor de termos de empréstimo. Pois bem, se compararmos os catecismos produzidos pelos jesuítas com os de um frade franciscano francês, Martin de Nantes, mais ou menos contemporâneos e dirigidos a índios brasileiros, veremos que a prosa e as frases não são muito diferentes, mas os termos de empréstimo sim: *Nossa Senhora* vira *Vierge Marie*, enquanto *Espírito Santo* aparece como *Esprit Saint*. Isso mostra que o que está em jogo não é a fidelidade a um texto original absoluto, e sim a garantia de que um determinado registro cristão seja mantido. O que se buscava era o controle sobre a chave hermenêutica, a chamada *intentio*. Como argumenta Durston convincentemente, o que de fato importava para os tradutores eclesiásticos do Terceiro Concilio de Lima não era encontrar um termo ou locução equivalente em quechua para transmitir o conteúdo dos catecismos, mas evitar possíveis apropriações populares heterodoxas de conceitos, rituais e instituições católicas. Era imperativo dominar o registro no qual a nova religião funcionaria.

Palavras estrangeiras têm, portanto, a especificidade de funcionar tanto de modo semântico quanto de modo metassemântico: além de veicular sentido, elas também contêm sua própria chave de interpretação. Um exemplo mais próximo de nossa experiência seria o uso de palavras alemãs no jargão filosófico. As palavras alemãs — malgrado a capacidade barroca da língua alemã de formar palavras por composição — não são intraduzíveis em outras línguas. Mas usá-las na forma alemã é um sinal de que se está em terreno filosófico, de que as associações e o mundo em que estão operando devem ser dissociados do uso corrente. Não há *ersatz* para *ersatz*.

Essa longa digressão — prometo que a última — teve o intuito de chamar a atenção para o fato de que o uso de termos de empréstimo como *cultura* e *kastom* não é trivial. A escolha do termo de empréstimo *cultura* indica que estamos situados num registro específico, um registro interétnico que deve ser distinguido do registro da vida cotidiana da aldeia. O fato de que povos indígenas no Brasil usem a palavra *cultura* indica que a lógica de cada um desses sistemas é distinta. E já que *cultura* fala sobre cultura, como vimos, *cultura* é simplesmente o termo de empréstimo nativo para aquilo que chamei de "cultura".

Embora esses sistemas sejam conceitualmente distintos, tendem a se articular entre si. É claro que estamos operando em escalas diferentes, cada qual com sua própria organização: um mesmo indivíduo é um membro de uma casa específica na aldeia, é um krahô em relação a outros grupos étnicos vizinhos, é um índio diante do Congresso Nacional ou em um sistema de cotas na universidade e pertence a um povo tradicional na ONU. Essas escalas, por mais diferentes que sejam, não são independentes entre si; antes, apoiam-se em uma constante atividade de articulação. A autoimagem que o Estado brasileiro, a ONU ou uma companhia farmacêutica atribuem aos índios faz parte do sistema interétnico de representações, mas esse sistema também se confronta com os assuntos internos e com a estrutura da aldeia. É preciso criar pontes ou passagem de interconexão. O colegiado de pajés krahô é uma dessas vias de passagem, uma inovação sem dúvida, mas articulada com a construção krahô de grupos. E fácil cair em engano: algo que parece tradicional, o pajé, é construído segundo o modelo dos serviços de saúde externos; algo que era conhecimento reservado de especialistas torna-se conhecimento tradicional, conhecimento que ainda que não seja compartilhado por todos é parte do patrimônio cultural de todos. Sob a aparência de um mesmo objeto, é a própria estrutura de produção e distribuição que é subvertida. Isso é ruptura ou continuidade? Partidários da lógica da hegemonia votariam pela primeira alternativa. Os culturalistas votariam pela continuidade. Mas talvez a questão esteja mal colocada, de modo que na verdade estaríamos ao mesmo tempo diante de ruptura e continuidade. Há um trabalho dialético que permeia os diferentes níveis em que a noção de "cultura" emerge, que permite jogar em vários tabuleiros a um só tempo. Um trabalho que lança mão de cada ambiguidade, de cada contradição introduzida pela reflexividade.

Esse trabalho está acontecendo diante de nós. James Leach, por exemplo, mostrou como o *kastom* está sendo retraduzido numa versão vernacular pelos habitantes da costa Rai de Papua Nova Guiné.

Num certo sentido, esse é simplesmente um exemplo daquilo que Marshall Sahlins vem dizendo há muito tempo: as categorias da cultura correm perigo no mundo real, já que este "não tem obrigação de conformar-se a elas". Na medida em que se aplica ao sistema interétnico, a "cultura" participa desse mundo real. Uma vez confrontada com a "cultura", a cultura tem de lidar com ela, e ao fazê-lo será subvertida e reorganizada. Trata-se aqui, portanto, da indigenização da "cultura", "cultura" na língua local.

Mas a subversão da cultura pode ser enganadora, e na prática o é na maioria das vezes. A maior parte dos itens culturais continuará parecendo igual àquilo que era. Fazer com que as coisas pareçam exatamente iguais àquilo que eram dá trabalho, já que a dinâmica cultural, se for deixada por sua própria conta, provavelmente fará com que as coisas pareçam diferentes. A mudança se manifesta de fato no esforço para permanecer igual. E a história não acaba aí: o efeito de *looping* de Ian Hacking entra em ação, e o movimento de reorganização que começou com o confronto entre cultura e "cultura" pode prosseguir indefinidamente.

"CULTURA" E CULTURA PERTENCEM A DOMÍNIOS DIFERENTES

O tema da "invenção da cultura" tem uma longa história. Não é por acaso que no final dos anos 1960 veio à tona em diversos contextos políticos e acadêmicos: o do início da época pós-colonial na África, o do surgimento de Estados independentes divididos politicamente por questões étnicas, o do colapso da ideologia do *melting pot* nos Estados Unidos, o da emergência dos estudos antropológicos sobre sociedades multiétnicas e das teorias sobre os movimentos de resistência protopolíticos. Para explicar a lógica das "culturas" nesses contextos foi preciso ressaltar as suas características distintivas e os traços contrastivos presentes em seu uso. Traços contrastivos têm de articular dois sistemas distintos. Um deles é dado pelo contexto multiétnico mais amplo, que constitui o registro privilegiado no qual a diferença pode se manifestar. O outro é o cenário cultural interno de cada sociedade.

Em *Negros, estrangeiros* (1985) descrevi um exemplo dessa dinâmica. A partir de cerca de 1840, até finais do século XIX, escravos iorubás (assim chamados a partir do final do século XIX) libertos no Brasil "retornaram" para a costa ocidental da África e se estabeleceram em regiões que hoje corresponderiam à Nigéria e à República Popular do Benin. Ao passo que no Brasil os descendentes de iorubás permaneceram fiéis ao culto dos orixás (ou mais provavelmente retornaram a ele), muitos dos que "voltaram" se instalaram ali como católicos, com alguns muçulmanos entre eles. As revoltas lideradas por africanos ocidentais muçulmanos na Bahia, particularmente a de 1835, ocorridas após a independência do Haiti, haviam espalhado o pânico entre os proprietários de escravos — circunstância que esteve na origem da política de deportação e de incentivos à partida dos escravos libertos. Ocorre que ser "brasileiro" em Lagos, Uidá, Porto Novo ou Abeokuta, não obstante as conexões muçulmanas, equivalia a ser católico. Argumentei que num sistema social em que a religião, ou melhor, o conjunto pessoal dos orixás é o traço definidor de cada pessoa, fazia todo sentido, na lógica do sistema, que os iorubás brasileiros escolhessem uma religião contrastiva além de exclusiva. E exclusiva ela era, visto que eles se opuseram à conversão de outros africanos pelos missionários franceses que chegaram na década de 1860 e que tanto se haviam alegrado ao encontrar católicos em Lagos e em Porto Novo. Em outro nível, porém, o catolicismo desses iorubás brasileiros não foi "inventado": fazia parte de uma experiência histórica e estava dentro da lógica da cultura interna.

Não é preciso dizer que os militantes do movimento negro no Brasil, embora tenham elogiado o estudo sobre os escravos libertos no Brasil oitocentista que está na primeira parte de meu livro, não gostaram da história do catolicismo brasileiro na África ocidental. Mas a questão é justamente esta: falar sobre a "invenção da cultura" não é falar sobre cultura, e sim sobre "cultura", o metadiscurso reflexivo sobre a cultura. O que acrescentei aqui é que a coexistência de "cultura" (como recurso e como arma para afirmar identidade, dignidade e poder diante de Estados nacionais ou da comunidade internacional) e cultura (aquela "rede invisível na qual estamos suspensos") gera efeitos específicos.

A linguagem ordinária, como afirmei acima, prefere a completude à consistência e permite-se falar sobre tudo. Movimenta-se sem solução de continuidade entre cultura e "cultura" e não dá atenção a distinções

entre linguagem e metalinguagem ou fatos contemporâneos e projetos políticos. Como a completude
prevalece sobre a consistência, aquilo que alguns
chamariam de incoerência tem pouca importância. É
num mundo assim, com a riqueza de suas contradições, que temos prazer em viver.

CADERNOS ULTRAMARES

www.ingramcontent.com/pod-product-compliance
Lightning Source LLC
LaVergne TN
LVHW051102180726
843512LV00020B/1564